정원의 철학자

자라난 잡초를 뽑으며 인생을 발견한 순간들

Philo sophy For Gardeners

정원의 철학자

케이트 콜린스 지음 | 이현 옮김

다산
초당

지금까지 우리는 "어떻게 인생을 살 것인가?", "어떻게 나 자신을 사랑할 것인가?", "어떻게 행복할 것인가?", "어떻게 이 삶을 사랑할 것인가?"라는 질문들에 대한 궁극적인 해답을 찾기를 원했다. 하지만 해답을 찾기는커녕 이미 따뜻한 봄이 왔음에도, 여전히 추운 겨울 속에서 헤맨다. 인생은 그렇게 흘러간다. 오히려 한 줌의 재로 사라질 물질적 부를 추구하는 것만이 인생의 목표가 되어버렸다.

이 책은 소란과 쾌락과 미래에 대한 야망 속에 온

통 빠져 있는 이들에게 '정원의 철학자'가 되어보라고 말한다. 여기서 정원은 무엇일까? 아마도 세계와 나를 의미하는 것 같다. 정원의 철학자는 이 두 가지를 잘 가꾸는 사람이다. 특히 내적 성장은 보이지 않는 우리의 내면을 얼마나 잘 가꾸는가에 달려 있다. 우리 안에는 '생각의 정원', '행복의 정원', '욕망의 정원' 등 수많은 정원이 있다. 이러한 정원을 잘 가꾼다면 내면의 힘과 아름다움의 기적을 다시 느낄 수 있지 않을까.

이 책은 세상을 새로운 관점에서 바라보고, 삶의 주인으로 살고, 진정한 행복의 의미를 스스로 만들어가고 싶은 독자에게 매력적인 통찰을 선사할 것이다. 우리 삶이 향기로운 꽃이나 달콤한 허브처럼 자신만의 향기를 발산하고, 유한한 삶에서 영원히 빛나는 별처럼 무한한 가치를 추구할 때, 그런 삶이야말로 성공한 삶이 아니고 무엇이겠는가.

– 장재형(세렌디피터 인문학연구소 대표, 『마흔에 읽는 니체』 저자)

『정원의 철학자』는 햇빛과 비, 공기와 바람을 양분 삼아 씨앗을 심고 물을 주고 잡초를 뽑는 일 등 흙냄새 나는 사계절의 정원을 가꾸는 일이 실은 인생을 가꾸는 일과 긴밀하게 연결되어 있음을 아름답게 제시해주는 책이다. 책은 우리가 살아가는 데 가장 필요한 겸손과 지혜의 덕을 갈고닦고 싶은 선한 갈망을 불러일으키며 진정한 의미에서의 정원사가 되고 싶은 꿈을 꾸게 한다.

– 이해인(수녀, 시인)

페트병에 파 한 뿌리만 심어도 정원사다. 정원사라는 정체성은 남들에게 보여줄 수 있는 결과가 아니라 나의 생각에서 자란다. 그 생각은 머리나 지식이 아니라 나의 오감, 나의 몸에서 나온다. 그렇기 때문에 잠깐의 충동으로 사라지지 않고 오래 머무는 나의 일부가 된다.

　이 책은 나만의 정원사가 되어도 좋다는 생각의

씨앗을 부드럽게 뿌려준다. 아마도 정원 가꾸기라는 활동의 핵심을 무수한 관계로 이해하는 저자의 통찰 때문일 것이다. 모든 철학적 생각은 나의 몸을 써서 경험하는 자연과 연결된다. 바라보고 경탄하는 저 멀리의 자연이 아니라 나의 온몸으로 뛰어드는 구체적인 자연 말이다. 그렇기에 내 방 창에 비치는 햇빛은 내가 전문가다. 동시에 나는 이 창문의 햇살을 자연 전체로 수용하고 이해하고 적응해야 한다. 생각과 자연과 지식과 나의 몸의 조화로운 연결에 눈을 뜨게 해주는 책이다.

– 박혜윤(『숲속의 자본주의자』 저자)

우리는 모두 인생이라는
정원을 가꾸는 철학자다

흙 묻은 손에는 숨겨진 지혜가 가득하다. 우리는 정원을 가꿀 때 무엇을 심을지 계획하고, 꽃과 나무가 앞으로 어떤 모습으로 자랄지 상상하며, 식물이 성장하는 데 필요한 조건들을 떠올려보고, 최선의 정원을 만들 수 있는 방법을 궁리하고, 잡초가 아니라 유익한 식물을 기르기 위해 골몰하며, 그렇게 자라난 모든 자연의 아름다운 모습에 감탄한다. 정원이 조화를 이루는 방식은 언제 보아도 경이롭다.

정원을 가꾸는 건 우리를 깊은 생각에 잠기게 한다. 식물과 교감하는 것은 생명과 우주를 들여다보는 일이다. 생명이 있는 곳에 길들여지지 않은 자연이 있다. 그곳에서는 언제나 멋지고 놀라운 일들이 발생한다. 생명은 아주 작은 씨앗에서 비롯된다. 씨앗은 성장하고 번성할 기회가 오기를 오매불망 기다리고 있다.

정원 가꾸기는 단순히 재미만을 위한 취미가 아니다. 세상이 돌아가는 이치를 발견하고, 그 속에서 우리의 자리를 찾는 일이다. 아주 작은 발코니든 이웃들과 함께 거니는 마을 속의 화단이든 포장된 길의 틈새든, 식물이 자랄 공간만 있다면 그곳에서 생명은 시작된다. 어디서든 자태를 드러내는 자연은 그 신비로움으로 인생의 단단한 의미를 전한다.

세계적인 사상가들의 위대한 생각 또한 갑갑한 서재나 대형 강의실이 아니라 열린 공간인 텃밭과 정원에서 시작되었는데, 어쩌면 이는 당연한 결과다. 정원은 생각하고 관찰하고 사유하는 공간이기 때문이다. 소크라테스, 플라톤, 아리스토텔레스, 에피쿠로스, 니체, 루소, 노자, 붓다, 볼테르, 헤르만 헤세, 버지니아 울프⋯. 헤아릴 수 없는 많은 철학자와 사상가, 문학가가 정원에서 영감을 얻었다.

아이작 뉴턴은 어머니의 농장에 있는 사과나무에서 사과가 떨어지는 모습을 보고 그 유명한 중력의 법칙을 발견했다. 또 식물학자 로버트 브라운은 물 위에 떠 있는 꽃가루 알갱이들의 불규칙한 움직임을 설명하며 원자의 존재를 증명했다. 공자와 노자를 비롯한 동양 사상가들도 인간의 본성을 설명하기 위해 정원이나 식물, 꽃 등 자연적인 소재를 즐겨 인용했다.

정원사나 농부처럼 바깥에서 자연에 둘러싸여 땅을 일구는 사람들은 이미 철학자다. 정원사의 일상에서는 수많은 철학적 사유와 주제가 자연스럽게 떠오르기 마련이다. 자기만의 작은 땅을 일구는 이들은 자신의 규칙에 따라 살고 일한다는 점에서 실존주의자다. 또 민달팽이나 해충이 주는 피해를 견뎌내고 자연과 조화를 이루기 위해 자기 행동을 조정하려 하므로 스토아학파와 같은 금욕주의자이기도 하다. 그런가 하면 식물에서 벌어지는 작지만 놀라운 변화를 목격하고, 기이하고도 흥미로운 변이를 관찰하므로 양자역학과 진화론을 연구하는 생활 밀착형 과학자라 할 수 있다.

정원은 작은 생각이 건강한 뿌리를 내려 그 의미를 꽃피우는 곳이며 그 인생 철학이 수세기에 걸쳐 끊임없이 이어지는 곳이다. 우리 삶을 더 아름답게 가꿔줄 가장 생명력 넘치는 여러 생각들이 그 안에서 자라나고 있다. 식물과 작물을 가꾸다 보면 마음을 들여다보게 되고, 삶의 본질에 대해 깊이 생각하게 된다.

대학에서 철학을 공부하고 시골로 돌아와 십여 년 넘게 정원을 돌보며 살지만 여전히 나는 내가 하는 일을 정확하게 정의하기가 어렵다. 누군가 나에게 직업이 뭐냐고 물으면, 듣는 사람이 누구인지에 따라 농부나 근교 농원 관리자, 땅 일구는 사람, 또는 정원사라고 말한다. 때로는 소작농이라는 직함이 더 적합할 때도 있다. 정원을 취미로 가꾸든 직업으로 삼고 있든, 어떤 형태와 크기의 밭을 일구든 간에 공통적으로 정원사가 하는 일은 무언가를 보살피는 일이 아닐까? 그리고 그 '보살핌'은 실제로 땅을 일구는 것뿐 아니라 거기

에 소요되는 사유와 열정 모두를 아우른다고 생각
한다.

식물과 잡초가 너무 많아 서로 빛과 물과 영양
분을 확보하려 경쟁하는 화단은 새로운 씨앗과 식
물이 잘 자랄 수 있는 이상적인 공간이 아닐 것이
다. 하지만 잡초가 우리가 키우려는 식물을 압도
하기 전에 뽑아내어 땅에 식물을 위한 작은 공간
을 확보할 수 있다면 그 식물이 뿌리를 내리고 멋
진 모습으로 성장할 수 있는 가능성이 커진다. 생
각과 아이디어도 마찬가지다. 정신적인 여유를 가
지면 아이디어는 떠오르기 마련이다. 복잡하고 닫
힌 마음은 새로운 아이디어가 떠오르기에 좋은 환
경이 아니다.

생각이 자랄 수 있게 해주는 영양분이나 지식
혹은 기초 요소들이 없는 척박한 상태는 정신을
또렷하게 할 수 없다. 이상적인 정신은, 많은 아이

디어가 샘솟는 기반이 깔려 있고 새로운 아이디어의 씨앗을 받을 수 있고 그 씨앗이 자랄 수 있는 여유가 있는 곳이다. 부정적인 생각은 잡초와 같아서 그런 아이디어가 번창할 수 있는 충분한 공간을 만들기 위해서는 이를 제거해야 한다. 하지만 낡은 생각이라도 당장 써먹지 못한다고 해서 그냥 버려지는 게 아니다. 그것들은 우리 마음의 퇴비와 토양으로 되돌아가 자원과 새로운 아이디어를 만들어내는 자양분을 제공한다. 농부가 부단히 몸을 움직여 땅을 돌보는 것처럼 우리가 우리의 인생을 부지런히 보살핀다면, 분명 더 건강하고 좋은 삶의 결실을 맺을 수 있을 것이다.

이 책은 특별한 철학을 설명하기 위해 집필된 게 아니다. 한 가지의 사고방식이나 행동방식을 강요하기 위한 책도 아니다. 그보다는 정원사가 야외에서 정원을 가꾸는 동안 마음에 자연스럽게 떠오르는 다양한 생각과 역설, 그리고 사고실험을 소개하고자 한다.

정원에서 시작된 호기심을 모아둔 이 책은 철학적·과학적·종교적인 여러 사상을 탐색하기 위한 훌륭한 출발점이 되어줄 것이다. 철학은 태양 아래 거의 모든 주제를 다룬다. 또한 존재를 연구하는 학문으로, 근본적인 삶에 대한 질문을 던지고 그것을 이해하기 위해 탐구한다. 이러한 사유와 사상에 대한 관심은 대학에서만 이루어지는 것은 아니다. 세상을 이해하려 할 때 우리가 현실 속에서 참여하고 연구하며 발견하는 실용적인 지혜가 철학이 아니라면, 도대체 무엇을 철학이라 부를 수 있을까?

철학이 발전해 온 역사를 살펴보면 자연은 오래전부터 철학에 깊게 관여했다는 것을 쉽게 알 수 있다. 우주가 무엇으로 구성되었는지 탐구하는 '자연철학'은 시간이 흐르면서 물리학으로 더 많이 알려졌고, 생물학·수학·논리학·윤리학·미학·인식론 등 여타의 분과 학문 분야로 발전했다. 여러 학파와 다양한 역설이 서로 연결되어 있듯이, 다양한 주제들이 서로 유기적으로 연결되어 책 전체에 걸쳐 등장할 것이다.

수술에서 만들어진 꽃가루가 바람과 곤충, 새 등 외부 요인의 영향을 받아 다른 꽃의 암술머리에 부착되어야 하는 것처럼, 온전히 고립된 정원을 상상하기 어려운 것과 마찬가지다. 한 가지 생각은 자연스럽게 또 다른 생각으로 이어져 문제에 대한 새로운 관점이나 정보를 추가로 제공한다. 밭에 두 가지 이상의 작물이나 과실나무를 가꿔야 해충을 방지하고 서로에게 필요한 그늘을 제공하는 것처럼 말이다. 생각의 정원에서 함께 자라는 여러 식물은 서로에게 도움을 줄 것이다.

입체파 그림에는 여러 시점이 하나의 평면에 담겨 있다. 궁극의 실재를 이해하기 위해 다양한 측면들을 함께 살펴보며 새로운 의미를 창출하려는 동양의 철학적 사유와도 비슷하다. 이처럼 여러 주제를 다룰 수 있는 개념이 많은데, 이를 우리 삶에 적용해볼 수 있는 메시지끼리 일목요연하게 묶어 제시하려 했다. 자연이 우리 삶에 선사하는 메시지를 이해하는 데 더 도움이 되었으면 하는 마음에서다.

또한 철학에서 가장 흥미로운 개념들과 주제들을 과감하게 선별했다. 책에 담긴 주제들은 모두 내가 정원에서 일할 때 머릿속에 떠오른 것들이다.

철학을 조금이라도 공부한 사람이라면, 교수님 말씀이나 사상가들이 내린 결론을 무조건 수용하는 게 아니라 그 개념들을 철저하게 분석하고 필요할 경우 치열하게 반박하고 자신의 주장을 펼치라는 말을 들어보았을 것이다. 자신만의 사유를 이어가기 위해서는 해당 주장이나 이론이 어떤지, 그것들의 근거가 왜 빈약한지 이야기를 나누며 이해하고 진실에 가깝도록 발전시키는 게 중요하다.

건강한 수준이라면 불신과 회의주의는 정원에서 매우 유용하다. 어떤 정원사에게 매번 통하는 방법이 당신이 사는 곳의 기후나 조건에는 맞지 않을 수 있고, 더 다양한 지식과 정보를 찾으려고 해도 그 내용은 당신과 당신이 기르는 식물과 정원, 그리고 당신이 사는 곳의 생태계에 꼭 들어맞지 않을 수도 있다. 그러니 나의 생각들을 읽어가는 독자들이 자신의 삶에 새롭게 적용하면서 더 다채로운 이야기가 펼쳐질 수 있기를 기대한다.

삶의 철학에 있어서 우리는 모두 초심자가 아

닐까? 철학적 배경지식을 어느 정도 알고 있다면 맥락을 이해하는 데 도움이 될 수 있지만, 이러한 지식이 오히려 이해를 방해할 수도 있다. 마찬가지로 자연을 대할 때, 기존의 경험은 무척 값지고 자신이 원하는 목표를 달성하는 데 도움을 줄 수도 있지만 그것이 꼭 긍정적 결과를 보장하지는 않는다. 경험은 미래에 일어날 사건과 결과를 성공적으로 예측하는 능력을 더해준다. 그러나 오랜 경험이 있다고 해도 새로운 해충과 병, 기후 문제와 다양한 변화들로 정원은 언제든 파괴될 수 있다. 따라서 '나는 내가 모른다는 것을 안다'고 말한 소크라테스의 가르침을 받아들이는 게 가장 안전하다. 아니면 지부지상(知不知上), 즉 '자신이 알지 못한다는 사실을 아는 것이 가장 좋다'라는 노자의 말을 수용하는 게 낫다. 우리가 유일하게 확실히 아는 사실은 우리가 아무것도 모른다는 것임을 기억해야 한다.

겸손한 마음으로 모든 것에 대해 질문을 던지고 생각하는 동시에, 지금 우리가 가진 최선의 지혜를 가지고 삶을 살아갈 수 있기를 바란다. 하던 대로 계속해 내는 정원사의 실용적인 태도가 바로 우리에게 필요한 덕목이다. 실수를 아무리 많이 하더라도 일단 해보는 게 최선의 학습법인 것처럼 말이다. 공자는 청이이망 견이이기 주이이동(聽而易忘 見而易記 做而易懂), 즉 '들은 것은 잊어버리고, 본 것은 기억하고, 직접 해본 것은 이해하기 마련이다'라고 말했다. 이제 문을 박차고 위대한 정원으로 가 몸소 부딪혀 보자.

차례

1장
봄: 삶의 토대가 되는 것들

4장

겨울: 내일을 준비하는 마음

모든 위대한 일이
씨앗을 뿌리는 일에서 시작되는 것처럼,
작은 것 하나를 실천할 수 있다면
삶은 저절로 변화한다.

봄

삶의 토대가 되는 것들

정원

므두셀라 나무

밭갈이

파종

정원사

진정한 행복의 의미를
발견하는 곳

- 정원

당신은 사랑스럽고 생명력 넘치는 식물들을 키울 자신만의 작고 소박한 텃밭이나 주말농장을 늘 원했을지 모른다. 탐스럽고 싱싱한 열매를 맺은 나무들, 직접 키운 신선한 채소들이 가득한 풍성한 텃밭, 꿀벌들이 분주하게 윙윙거리며 꿀을 만드는 향기로운 허브 정원, 여름 내내 꽃병을 채우고도 남을 아름다운 꽃이 가득한 뒤뜰을 꿈꾸고 있는가?

어떤 정원이든지 간에 정원이 끊임없이 우리의 손길을 기다린다는 것은 분명하다. 정원을 돌보다 보면 시간을 정말 빡빡하게 쓰게 되어 때로는 큰 그림을 놓칠 때도 있다. 정원의 울타리를 고치다가 갑자기 잡초를 제거하기도 하고 어떤 식물에 꼬인 해충을 발견해서 급히 해충을 퇴치하느라 처음 계획한 일들을 놓치고 만다. 그렇게 분주히 일하는 동안 열매와 꽃, 나무들은 제 몫의 일을 하며 정원과 온 세상에 활기를 불어넣고 또 새로운 문제를 만들어낸다. 그러다 헛간에 들어서면 우리는 이 모든 분주함을 털어내고 여유를 찾는다. 따뜻한 차나 커피, 물을 마시면서 처음 세운 계획을 수정할지, 아니면 그 계획을 계속 밀고 나갈지를 고민한다.

온실과 헛간은 정원에서 톡톡한 역할을 한다. 정원을 잘 가꾸느냐 못 가꾸느냐와 무관하게 누구에게나 꼭 필요한 공간이다. 온실에서는 묘목을 돌보고 헛간에서는 물뿌리개·모종삽·갈퀴·가위 등 여러 도구들을 보관한다. 갑자기 비가 쏟아질 때 잠시 멈춰 선 다음에 무엇을 할지 곰곰이 생각할 수 있는 지붕도 있다. 우리는 온실과 헛간에서 편히 머물며 정원을 내다보고 머릿속으로 큰 그림을 그린다. 그 시간 동안 정원의 전체 모습을 다시 생각하며 올바른 방향으로 정원을 가꾸고 있는지 돌아볼 수 있다. 생각대로 되지 않는 부분이 있었는지, 그게 무엇이었는지를 깨닫고 잘되는 부분은 무엇인지 확인하며 미래를 계획하기 위해 꼭 필요한 곳이다.

우리는 모두 '좋은 삶'을 살고자 하는 강한 욕구를 품고 있다. 지금 이 나이에는 사회적으로 어느 정도 이뤘어야 한다고, 앞으로는 무엇을 준비해야 한다고 말하는 대도시에서의 삶을 잠시 잊고 그저 자신이 하는 일에 만족감을 느끼며 살고자 한다. 자신만의 훌륭한 삶, 고결한 삶을 살고자 하는 욕구는 고대 그리스인들에게도 있었다. 정원과 자연 속에서 훌륭한 삶을 평가하는 방식을 얻고자 한 학파도 있었다. 이후 몇 세기 동안 행복을 정의하는 문제를 두고 여러 궤변이 속출했지만, 대체로 그리스의 여러 학파들은 훌륭한 삶을 달성하는 방법을 스스로 깨닫고 그에 따라 사는 것이 중요하다고 생각했다.

세상의 잣대에 절대로 순응하지 않으려 반사회적으로 나아간 학파도 있었다. 대표적으로 키니코스학파가 있다. 키니코스학파는 그 시대가 요구하는 가치관이나 풍습을 헌신짝처럼 버리고 살아간 사람들이다. 전혀 꾸미지 않은 허름한 옷차림으로 살아가는 등 인간 사회의 틀에 갇히지 않으려 했다. 키니코스(kynikos)라는 단어에서부터 이

학파가 얼마나 문제적이었는지를 짐작할 수 있다. 이는 '개와 같은'이라는 뜻의 그리스어로, 개처럼 초라하게 먹고 자고 살아가려 한 키니코스학파에 대한 비방의 의미가 담겨 있다. 이 단어에서 현대에 흔히 냉소적인 사람을 뜻하는 '시니컬하다'는 말이 파생되었다.

이 학파의 대표적인 인물은 디오게네스다. 그는 평생을 통 안에서 살았다고 전해진다. 그에 관한 대표적인 일화가 있다. 알렉산드로스대왕이 그의 명성을 듣고 그를 방문했는데 디오게네스는 통 밖으로 나와 왕을 맞이하기는커녕 "내 햇빛을 가리지 마시오!"라고 말했다고 한다. 키니코스학파에게 도덕이란 자연의 단순함으로 회귀하는 것이었다. 사회의 모든 인위적인 것이 행복과 양립할 수 없다고 본 것이다. 이러한 키니코스주의는 이후 스토아학파로 발전해 갔다.

사람들은 흔히 정원사를 스토아학파와 연관 지어 생각하는 경향이 있다. 변덕스러운 자연에 맞닥뜨려서도 스토아학파처럼 묵묵히 참아낸다고 여기는 것 같다. 스토아학파는 지금 이 순간에 충실하게 살고, 쾌락에 대한 욕구나 고통에 대한 두려움에 흔들리지 말아야 한다고 주장했다. 정원에서는 이 철학을 쉽게 실천할 수 있다. 정원에 나가서 단순한 일을 하면 마음에서 불필요한 잡음을 없애고 균형 잡힌 관점과 행복을 얻게 된다. 스토아철학자들이 삶에 일어나는 사건들을 벌어지는 그대로 받아들이려 했던 태도도 정원사들의 이런 자세와 매우 흡사하다. 외부의 어떤 자극에도 흔들리지 않고 자신의 삶을 영위해 가려는 태도는 정원사뿐 아니라 급변하는 현대사회를 살아가는 우리 모두에게 필요할 것이다.

키니코스학파와 스토아학파와는 완전히 다른 시각에서 행복을 추구해야 한다고 본 학파가 에피쿠로스학파다. 에피쿠로스는 고통을 최소화하고 쾌락을 극대화하는 것이 행복을 달성하는 방법이라고 주장했다. 향락주의자인 에피쿠로스의 이러한 접근법은 오늘날 육체적이고 단기적인 쾌락을 추구했다고 평가받는다. 하지만 그 평가가 정확하지는 않다. 오히려 에피쿠로스학파는 욕구를 덜어내고 간소한 삶을 살면서 기초적인 욕구를 충족시켜 쾌락과 만족을 더 쉽게 달성해야 한다고 생각했다.

정원에서 직접 키운 간소한 먹거리를 친구들과 나누는 것이 에피쿠로스 사상의 좋은 사례다. 평안과 안락함을 제공하는 헛간이 있으면 비가 오거나 날이 추울 때 바로 들어가 어려운 상황을 피할 수 있고 동시에 아름다운 정원에 둘러싸여 오감이 즐거워지니 정원사가 더 이상 바랄 게 뭐가 있겠는가? 우리 인생에서도 갑작스럽게 비가 내릴 때 헛간처럼 잠시 피할 수 있고 나를 지킬 수 있는 자신만의 임시 거처가 있다면 우리의 삶은 더욱 평온해질지도 모른다.

행복한 삶을 이야기할 때 '행복'과 '치유'를 다룬 인류 최초의 책을 집필했다고 여겨지는 아리스토텔레스를 빼놓을 순 없다. 『니코마코스 윤리학』에서 아리스토텔레스는 '일시적이고 단순한 쾌락을 쫓는 즐거운 삶' 혹은 '즐거움 없이 전체 사회의 선함을 위해 금욕하고 절제하는 삶' 어느 한 쪽도 옳지 않으며, '철학적이고 사색하는 삶'이 인간이 택해야 할 삶의 모습이라고 생각했다. 그렇기에 아리스토텔레스가 생각하는 행복한 삶은 고정되어 있는 어떤 '상태'가 아니라 '행동'이나 '실천'에 더 가깝다.

아리스토텔레스에게 행복이란 어떤 면에서는 꽤나 개인적이다. 당시 플라톤을 포함한 여러 철학자들은 '선'의 가치가 '정치'를 통해 공적인 선함을 추구하는 일에 있다고 여겼다. 반면 아리스토텔레스는 개인이 원하는 단순한 선함으로 그 가치를 완화해야 한다고 주장했다. 이것이 바로 두 극단 사이의 길을 택하는 '중용'을 따르는 삶, 즉 아리스토텔레스가 말하는 덕성이 있고 행복한 삶이다. 후대에 큰 영향을 미친 이 이론은 정원사들이 꼭 기억해야 할 '매사 중용을 시켜라'와 같은 격언을 탄생시켰다.

정원사처럼 무언가를 길러내는 사람들은 '만족을 모른다'는 말을 자주 듣는다. 몇 주간 해가 나면 너무 건조하다고 투덜대고, 몇 주간 비가 오면 식물들이 물에 잠기고 민달팽이를 비롯한 여러 문제가 생긴다고 불평하니 말이다. 사랑스러운 식물들을 길러내는 가장 이상적인 조건이란 볕과 비를 적당히 누리는, 즉 볕도 비도 지나치지 않은 상태이기 때문이다. 대자연의 날씨는 우리의 노력으로 바꿀 수 없다고 하더라도 정원사들의 과욕이 텃밭에 영향을 미칠 때도 있다. 빨리 성장하길 바라는 마음으로 물과 비료를 과도하게 주는 건 언제나 그 대상을 망치는 길임을 기억해야 한다.

햇볕, 비, 바람, 구름…. 그날의 날씨가 좋은 날씨인지 나쁜 날씨인지는 지금 정원에 그 날씨가 필요한지 아닌지에 달려 있다. 정원을 돌보다 보면 대개 유연하고 상대적으로 생각하는 데 익숙해진다. 날씨를 '좋다', '나쁘다'라는 윤리적인 기준으로 묘사하는 건 지나치게 단순한 서술이다. 좋고 나쁨은 맥락에 따라 달라진다. 그러니 날씨를 크게 염려하지 않는 태도가 더 중요하다. 마찬가지로 우리 삶에서도 절대적으로 좋거나 나쁜 상황은 없다는 걸 알아야 한다.

'좋은 날씨'는 상황에 따라 달라진다. 가뭄이 한창이라면 비 예보에 열광할 것이다. 봄날에는 차갑고 눅눅한 땅을 건조할 만한 따뜻하고 볕이 드는 날씨도 그에 못지않게 환영이다. 또 가을날에 한동안 건조한 날씨가 지속되면 마지막까지 수월하게 작물을 수확할 수 있어서 좋다. 어떤 사람들은 건조하고 추운 겨울을 끔찍이 싫어할지 모르지만, 겨울이 추우면 해충과 질병이 사라지고 이듬해에 골치 아픈 문제가 덜 생긴다. 추운 겨울은 우리를 더욱 강하고 굳세게 한다.

계절뿐 아니라 정원을 살아가는 모든 식물과 잡초, 작은 동물들에 대한 판단도 마찬가지다. 우리에게 좋지 않은 영향을 끼친다고 생각하는 것들에 대해 조금 더 유연하게 사고할 필요가 있다.

날씨와 식물, 그리고 우리가 흔히 해충으로 여기는 모든 생명에 대해 좋고 나쁨을 판단하는 것보다 그 상황에서 우리가 어떤 행동을 할 것인지를 더 고민해야 한다. 박테리아·곰팡이·진딧물·민달팽이·쥐·토끼·오소리·사슴처럼 우리를 공격하는 무언가를 삶에서 완전히 추방하려 한다면, 이러한 행동은 과연 옳다고 할 수 있을까?

나쁜 식물이라고 하는 잡초는 알고 보면 단지 자리를 잘못 잡은 좋은 식물이다. 민달팽이가 자연에서 맡은 기능이 유기물을 먹는 것이라면 민달팽이는 실제로 해롭다고 할 수 없다. 민달팽이는 맡은 일을 열심히 하고 있을 뿐이지 않은가? 민달팽이가 사라지면 퇴비 더미와 남은 작물이 분해되어 다시 아름다운 흙으로 돌아가기까지 시간이 너무 오래 걸릴 것이다.

    우리는 모든 상황을 자신에게 '유리하다', '불
리하다', '좋다', '나쁘다'로 판단하는 데 익숙하지
만, 그건 모두 자기중심적인 생각에서 기인한 아
주 협소한 결론일 뿐이다. 귀찮고 성가신 일들, 주
변 사람들과의 사소한 갈등, 삶에 도움이 되지 않
는 일이라고 생각하는 자잘한 불편을 겪을 때 우
리는 사실 마음속 깊은 곳에서는 자신이 다른 사
람보다 더 우월하며 좋은 대우를 받는 게 마땅하
다는 생각을 하고 있는 건 아니었을까? 그 생각을
버리고 숙고해 보면, 세상사에 절대적이고 올바른

답은 없다. 삶은 훨씬 더 상대적이고 미묘하다.

아, 드디어 비가 그쳤다. 아늑한 헛간과 보온병에 든 따뜻한 차를 뒤로하고 상추를 살펴볼 시간이다. 아마도 나는 내 상추를 지키기 위해 주변에서 민달팽이와 달팽이들을 골라내 다른 곳으로 옮겨줄 것이다. 물론 또 정원에 찾아오겠지만, 그때는 다시 옮겨주면 된다. 이 모든 과정이 정원을 가꾸는 기쁨이라는 걸 이제 나는 안다.

유한한 삶에서 찾은
무한한 가치

- 므두셀라 나무

고목 옆에 서서 지난 수백 년 혹은 수천 년 동안 누가 그 곁을 지나쳤을지, 어떤 사건이 벌어졌을지, 얼마나 많은 세대의 가족들과 문명들이 출현했다 사라졌을지 상상해 본 적이 있는가. 거대한 자연의 시간 앞에서 유한한 인간의 삶을 깨닫는, 정말 환상적인 경험이다. 대자연 앞에서는 삶의 고민과 괴로움도 아주 작은 먼지가 되어 버리니 오히려 마음이 한껏 가벼워지곤 한다.

여러 나무 중에서 오크, 사이프러스, 주목, 소나무는 크기뿐만 아니라 장수하는 것으로도 유명하다. 현존하는 최고령 나무는 '므두셀라'라는 별명을 가진 미국 캘리포니아주의 그레이트베이슨 국립공원에 있는 강털소나무다. 므두셀라는 성경에서 969세까지 살았다고 전해지는, 장수를 상징하는 인물이다.

이 강털소나무는 캘리포니아 화이트산맥의 비밀스러운 장소에 살고 있다. 이 나무를 보호하기 위해 미국산림청에서 정확한 위치를 공개하지 않았기 때문에 화이트산맥의 비슷하게 생긴 여러 강털소나무들 사이에서 이 나무를 특정하기는 어려울 것이다. 무드셀라의 추정 나이는 4852세다. 대략 고대 이집트 파라오 카아가 사망하면서 이집트를 통일한 첫 번째 왕조가 몰락했던 기원전 29세기에 태어난 이 나무는 분명 인류 문명의 온갖 흥

망성쇠를 보고 자랐을 것이다.

이렇게 아주 오랜 시간 동안 자라서 이제 더
는 커지지 않는 고목을 전 세계 여러 지역에서 만
날 수 있다. 가령 이란의 아바쿠라는 지역에서 자
라는 어마어마한 사이프러스와 영국 웨일스 콘위
주에 있는 란저니우 주목도 4000~5000년 정도 된

것으로 추정된다. 심지어 이보다 더 오래 살아왔다고 여겨지는 나무도 있다. 미국 캘리포니아 주루파 산맥에서 발견된 파머 오크는 1만 3000년을 살았고 마찬가지로 미국의 유타주 국립공원에 서식하는 '판도'라고 불리는 사시나무는 약 8만 년을 살았다고 전해진다.

마치 죽음을 비껴가는 듯한 8만 년이라는 세월은 이 나무들이 조금은 특이한 방법으로 살아가기 때문에 가능하다. 땅속뿌리를 공유하여 복제된 가지와 잎을 만드는 방식으로 자기복제를 한 것이다. 그래서 뿌리는 아주 오래되었지만 눈에 보이는 땅 위의 몸통과 가지, 이파리는 그렇게 오래되지 않았다. 이런 나무들을 복제수(複製數)라고 한다. 유타주 국립공원의 판도 또한 군락을 이루는 사시나무인데 유전자상 이 군락 내의 모든 나무는 하나다. 4만 그루 이상이 뿌리로 연결된 이 나무의 무게를 잰다면 어림잡아 6000톤이 넘을 정도다. 지금까지 이 세상에 알려진 가장 무거운 유기체일 것이다. 스웨덴에 있는 '올드 티코'라는 이름의 노르웨이 가문비나무 역시 자기복제된 복제수지만, 다른 복제수들과 달리 줄기와 가지와 뿌리를 같은 곳에 다시 만든다. 이 나무의 뿌리는 약 1만 년 된 것으로 추정되며, 각각의 줄기는 약 600년 동안 산 후 새로 나온 몸통에게 자리를 내어준다. 물론 이러한 유기체들이 그토록 오래 살아남았다는 것은 놀라운 일이다. 하지만 복제수가 모체와 완전히 똑같다고 보기는 어렵다.

유전적으로 동일한 생명체를 단일한 생명체로 보아야 할까? 가지치기하며 떨어진 나뭇가지를 다시 심어 기르거나 딸기처럼 땅 위로 줄기를 뻗어 뿌리 내리는 식물을 키워봤다면 이 문장에 대해 곰곰이 생각하게 될 것이다. 일단 가지와 줄기를 모

체에서 잘라냈다면 우리는 그것을 다른 식물로 생각하기 때문이다. 만일 모체가 죽거나 해충이 갉아먹어 죽어가고 있거나 잘라낸 가지를 멀리 떨어뜨려 심었다면 그것이 같은 운명에 처해질 거라 생각하지 않는다. 어떤 식이든 모체에서 물리적으로 분리되었기 때문에 다른 식물로 인식하는 것이다. 뿌리가 계속 유지되는 복제수의 경우, 시간이 지나며 몸통과 가지가 대체되는데도 우리는 그 나무들을 계속 같은 나무라고 상상하게 된다. 만일 이 고목들의 뿌리와 함께 일부를 잘라내 다른 곳에 심는다고 하면 유전적으로 동일하지만 다른 나무로 자라 별개의 정체성을 갖게 된다. 그래서 복제수인 나무는 모체와 같은 나이라고 보기 어렵다.

고대 그리스에는 '테세우스의 배'라 불리는 오래된 수수께끼가 있다. 이 수수께끼는 고대 그리스시대의 철학자 플루타르코스가 테세우스 왕이 타던 배를 설명하면서 시작되었다. 테세우스 왕은 고대 아테네의 창시자로 '황소 머리에 인간의 몸'이라는 신화 속 괴인 미노타우로스를 죽였다고 전해진다. 왕은 위대한 모험이 끝난 후 배의 썩은 목재들과 다른 부품을 교체하고, 대대손손 물려주기 위해 보관했다고 한다. 아테네인들은 배의 목제 판자가 썩으면 그 판자를 떼어버리고 그 자리에 새 판자를 박아 넣어 배를 보존했다.

여기서 플루타르코스의 질문이 시작된다. 커다란 배에서 판자를 하나씩 갈아 끼우더라도 사람들은 그 배를 테세우스가 타고 왔던 배라고 생각할 것이다. 그런데 계속 판자를 갈아 끼우다 보면 어느 시점부터는 테세우스가 처음 타고 온 배의 조각이 하나도 남지 않는다. 그렇다면 그 배를 테세우스의 배라고 부를 수 있을까?

아직도 분명한 해결책이 없어 철학의 난제로 꼽히는 테세우스의 배 문제는 현재 '할아버지의 도끼'라는 수수께끼로 재탄생했다. 도끼의 손잡이와 도끼날을 교체하여 최초로 사용했던 부품이 전혀 남아 있지 않다면, 그래도 여전히 할아버지의 도끼라 할 수 있을까? 소중하게 아껴 쓰는 내 할머니의 외바퀴 손수레도 이 사례에 해당한다. 바퀴와 손잡이, 나사, 결국 몸체까지 새로 교체한 외바퀴 손수레가 있다면, 그건 할머니가 수년 전 내게 주신 바로 그 수레와 완전히 다른 수레이지 않은가?

한 번 수리할 때 최소한으로 부품을 교체하여 항상 이전 생애의 어떤 부분이 남아 있고 여기에 새로운 부품이 더해진다면, 수리해서 재탄생된 수레는 이전 수레와 연속성을 공유한다고 볼 수 있을 것이다. 우리 몸도 세포가 끊임없이 죽고 다시 생성되면서 순환한다. 그런데도 우리는 시간이 흘러도 자신의 정체성과 타인의 정체성이 변함없다고 여긴다. 이렇게 과거의 것과 지금의 것이 하나로 어우러지기 때문에 우리는 동일성이 지속된다고, 수리된 손수레가 같은 손수레라고 직관적으로 생각하는 것일지도 모른다.

혹은 모든 부품이 원래의 것이 아니라 해도, 처음 설계된 원래의 모습을 유지하고 있다면 원래의 손수레와 같다고 생각하는 경우도 있다. 이때에는 처음의 청사진이나 설계도가 정체성을 유지하는 데 가장 중요하다는 결론에 다다르게 된다. 요컨대 같은 설계도를 가지고 있다면, 즉 유전적으로나 신체적으로 동일하다면 별개의 복제품이라도 동일한 존재라는 의미다.

　토머스 홉스는 이 사고실험에서 한 발 더 나아갔다. 그는 테세우스의 배를 처음에 구성했던 널빤지를 모두 떼어내어 새로운 배를 지었다면 어떻게 될지를 상상했다. 만일 내가 할머니 손수레의 원래 부품을 모두 보관했다가 그 부품들로 다른 손수레를 만든다면, 그것이 할머니의 손수레인가? 아니면 내가 서서히 새 부품으로 교체한 손수레가 진짜 할머니의 손수레인가? 둘 중 어느 쪽이든 진짜 내 할머니의 손수레라고 말할 수 있기는 할까? 만일 둘 다 아니라면, 할머니의 손수레는 언제 존재하는 것을 멈췄을까?

아마도 우리는 원 부품들로 만들어진 손수레를 진짜 손수레로 볼 것이다. 그렇다면 부품이 조금씩 바뀐 손수레의 정체성이 무엇인지는 여전히 의문이 남는다. 우리는 더 새롭고 더 그럴듯한, 혹은 더 진정한 도전자가 나타날 때까지 무언가를 동일하게 보는 것일까? 그때까지 결정을 내릴 수 없는 것일까? 앞으로 또 다른 도전자가 끊임없이 나타나지 않을 거라는 걸 어떻게 알 수 있을까? 도전자가 나타나지 않았다면, 과연 무엇이 동일성을 가진 것이라고 결론을 내려야 할까?

시간이 흘러도 하나의 존재를 같은 존재라 규정하는 문제, 두 존재를 서로 다르다고 혹은 같다고 규정하는 문제는 아직도 논쟁의 여지가 분분하다. '같은 강에 두 번 발을 담글 수 없다'라는 유명한 말을 남긴 헤라클레이토스는 사물이 끊임없이 변화한다고 보았다. 시간이 흐르면 동일성은 사라지며 그 어떤 것도 안정되거나 머물러 있지 않다고 생각했다. 반면 파르메니데스는 정반대의 견해를 피력했다. 그의 말은 이렇게 요약된다. '있음은 있다.' 동어반복으로 당연한 말인 듯 보이는 문장이지만 사실은 변화와 생성을 부정하는 문장이다. 이 문장은 탄생과 생성 그리고 소멸 등 우리 주변에서 경험하는 모든 변화를 부정한다. 어떤 것이 있다고 한다면 그것은 없을 수 없다. 즉 있는 것은 없어질 수 없으며 영원한 것이다. 생성되지 않고 소멸되지 않으며, 온전한 하나라서 나뉘지 않고,

변화하지 않아 흔들림 없는 것. 이것이 파르메니데스가 생각한 '있음'의 의미다.

그렇다면 실제로 관찰되는 탄생하고, 회복하고, 새로워지고, 늙고, 낡고, 해지는 변화를 어떻게 설명할까? 그는 실제 세상은 절대로 변하지 않지만, 우리가 사물이 변화하는 것처럼 인식할 뿐이라고 믿었다. 그러므로 사물은 그대로 머문다. 그의 생각에 따르면 과거, 현재, 미래라는 분절된 시간의 흐름은 실제로 존재하지 않는다. 파르메니데스에게 존재는 지각되거나 감각되는 게 아니라 사유되는 것이다.

17세기 합리주의자 스피노자의 말처럼, 우리의 육신이 쉽게 변해도 동일성을 유지할 수 있는 건 우리 안에 변하지 않는 '정신'이 있기 때문일까? 스피노자는 세상의 진리가 길가에 자라는 풀 한 포기의 모습으로 드러난다고 말했다. 지언에 존재하는 모든 것은 진리가 다양하게 모습을 드러낸 것으로 보며 "신은 곧 자연"이라고 말했다. 보이는 양상은 다를지라도 그의 이론 안에서 우리 몸과 정신의 본질은 같다. 우리의 몸에는 30조 개가 넘는 세포가 있다고 한다. 그리고 매일 1퍼센트의 세포가 만들어진다. 석 달이면 완전히 새로운 사람이 되는 것이다. 그렇게 누구나 나이가 들면 몸의 변화를 겪지만, 정신은 동일하게 지속된다. 이 덕분에 시간이 흘러도 우리는 '나'라는 정체성을 유지한다.

시간에는 사물을 파괴하는 강력한 힘이 있다. 물질적인 변화와 함께 오래된 사물은 존재를 멈추고, 거의 동일한 사물이 시시각각 끊임없이 재탄생하며 재생된다. 거스를 수 없는 시간의 흐름 속에서 우리를 우리답게 만드는 것은 결국 정신이나 함께 맺은 관계, 기억과 같은 보이지 않는 것들일

지도 모르겠다. 조금만 손보면 이 할머니의 손수레를 더 오래 쓸 수 있을 것 같다. 할머니가 사용하신 손수레의 몇 퍼센트가 이 수레에 남아 있는지는 중요하지 않다. 나의 기억 속에서 이 손수레는 영원히 소중한 손수레로 남을 것이다.

할 수 없다는 거짓말에
속지 않는 법

"무엇이든 곁에 없어야 애틋해지는 법이다."

잡초를 생각하면 떠오르는 말이다. 차가운 겨울의 정원은 삭막할 정도로 고요하다. 적막한 겨울날의 정원을 보고 있으면, 폭발하는 태양의 에너지를 받은 흙에서 하루가 다르게 자라나는 식물들을 쉴 없이 관리해야 하는 여름의 풍요로움이 그리워진다.

매해 여름이면 따로 씨를 뿌리지 않았는데도

정원의 철학자

야생 들판에서 쐐기풀이 따끔한 잎을 내고, 달콤 시큼한 블랙베리가 까맣게 익어간다. 이에 질세라 한해살이와 다년생 잡초도 쑥쑥 자라나 소중한 식물과 작물을 끊임없이 위협하기에 주기적으로 뽑아주어야 한다. 겨울에는 그 부담감이 그리움으로 다가올 때도 있다. 그런데 막상 이 모든 일을 단번에 해치워야 하는 한여름이 오면, 뽑고 또 뽑고 열심히 솎아내도 사라지지 않는 잡초들이 다시 미워진다. '나에게 앙갚음을 하려는 건가?' 의심에 가득 찬 눈빛으로 잡초를 노려보지만, 그 와중에도 잡초는 아무런 말 없이 계속 자란다. 사람의 마음만큼 간사하고 가벼운 것이 없는지라 무언가를 바랄 때는 늘 신중해야 하나 보다.

잡초를 제거하는 일에 몰두하면 아무런 생각도 나지 않는다. 등에 내리쬐는 뜨거운 햇볕과 발바닥 아래에서 느껴지는 부드럽고 따뜻한 흙을 밟

바닥으로 느끼며 그저 의식의 흐름대로 잡초를 뽑고 있노라면 마음은 정처 없이 배회하게 된다. 줄지어 선 코스모스나 당근을 따라가며 다육식물, 개쑥갓, 별꽃, 황새냉이 등 무수하고 성가신 침입자들을 제거할 때, 이 침입자들을 몰아내려면 과연 시간이 얼마나 걸릴지 궁금해진다. 바로 이때가 고대 그리스 철학자 제논을 떠올리기 적당한 시기다.

당신이 세상에서 가장 빠른 잡초 제거자라고 상상해 보자. 당신의 정원에는 여러 식물이 줄지어 심겨 있다. 당신은 잡초 한 줄을 해치우고 차한 잔을 마시기로 계획을 세웠다. 그런데 잡초를 제거해야 할 줄의 끝에 도달하려면 먼저 그 줄의 절반에 도달해야 한다. 그리고 그 절반에 도달하려면 먼저 그 절반의 절반인 4분의 1 지점에 도달해야 하며, 그전에는 절반의 절반의 절반인 8분의 1 지점에, 또 그전에는 절반의 절반의 절반의 절반인 16분의 1 지점에…. 이런 식으로 영원히 도달해야 할 지점의 절반에 먼저 도달해야 한다. 그렇게 도달해야 할 지점을 무한히 쪼개서 들어가 보면 그 안에서 무한을 발견하게 된다. 절반의 지점을 모두 찾는 일은 완료될 수 없으므로 이 논리대로라면 어떤 사람도 목적지에 도달할 수도, 심지어는 출발점에서조차 벗어날 수 없다.

유한한 인간이 도달하기에 무한은 너무 멀다. 하지만 현실에서는 아마도 꽤 구시렁거리면서 잡초 한 줄을 완벽히 제거할 수 있지 않은가? 어떻게 이게 가능할까?

제논이 주장한 또 다른 역설이 있다. 이것은 아킬레우스와 거북이에 관한 것이다. 이 역설에 따르면, 아무리 달리기가 빠른 아킬레우스일지라도 그보다 앞서서 출발한 거북이를 절대로 따라잡을 수 없다.

가령 아킬레우스가 거북이보다 10배 빠르게 뛸 수 있다고 해보자. 그리고 아킬레우스는 거북이보다 100미터 뒤에서 출발한다. 달리기가 시작되고 아킬레우스가 100미터를 따라잡는 동안 거북이는 10미터를 앞으로 나아간다. 또다시 아킬레우스가 10미터를 따라잡는 동안 거북이는 1미터 나아간다. 마찬가지로 아킬레우스가 1미터를 따라잡는 동안 거북이는 1/10미터를 앞서게 된다. 이러한 일이 무한히 반복되기 때문에 아킬레우스는 영

원히 거북이를 따라잡을 수 없다.

이런 식으로 둘 사이에 거리가 아무리 좁혀진다고 해도 0이 되지는 않으므로, 빠른 쪽은 느린 쪽을 영원히 따라잡을 수 없다. 이 역설 또한 말도 안 되는 소리이며 현실에서 일어나지 않지만, 틀렸다는 걸 어떻게 증명할 수 있을까?

아직 끝이 아니다. 제논은 궁수가 활을 쏘아도 화살은 움직일 수 없다고 했다. 궁수가 쏜 화살의 한 순간을 포착해 관찰하면 늘 멈춰 있다. 화살을 카메라로 찍었다고 생각하면 쉽다. 사진 속 화살은 항상 멈춰 있다. 항상 멈춰 있는데 어떻게 이동할 수 있는가? 순간 찍힌 사진들을 한데 모으면 운동이 될 수 있는가? 시간은 한 순간 한 순간으로 이루어져 있다. 날아가고 있을 때 화살은 일정한 지점을 지난다. 극히 짧은 순간 동안 화살은 한 지점에 머문 것이고 바로 그 다음 순간에도 화살은 어느 지점에 머물러 있는 것이다. 이렇게 화살은 언제나 어느 지점에 머물러 있으므로 움직인다고 할 수 없다.

제논의 역설은 그의 스승인 파르메니데스의 주장을 옹호하기 위한 사고실험이다. 파르메니데스는 '만물은 언제나 정지해 있다'고 하며 변화가 불가능하다고 했다. 그에 따르면 만물은 하나이며 시간은 무한하므로, '변화'는 환영에 불과하다. 과거, 현재, 미래는 모두 동시에 존재하므로 시간이 흐르는 것처럼 보이는 것은 잘못된 인식이라는 것이다. 이를 '일원론'이라고 한다.

이 일원론의 관점에서 우리가 인식하는 세상의 변화를 어떻게 설명할까? 제논의 이야기로 돌아가 생각해 보자. 화살은 변화하는 게 아니라 순간순간에 머문다. 그런데 우리는 화살이 그 지점에 머물렀다는 걸 지각하지 못한다. 그러므로 변하는 건 세상이 아니라 '화살이 움직였다'고 생각하는 우리의 인식이다.

제논의 역설은 움직임이 불가능하다고 말하면서 '무한'에 대한 사유로 우리를 안내한다. 제논의 역설을 논파하기 위한 토론은 특히 시공간의 성격에 대한 무수한 논쟁을 낳았다. 철학자들은 연속성, 무한성의 본질, 수학과 물리적 세계 사이의 관계에 대한 질문에 직면하게 되었다. 제논의 역설에서 시간과 공간은 무한히 분화되고 무한소이자 무한대가 되어 움직임은 일어나지 않는다.

'만물은 변한다', '만물은 움직인다'고 생각하는 사람들은 제논의 역설을 반박하기 위해 수많은 이론을 발전시켰다. 동시대의 대표적 사상가인 아리스토텔레스도 그의 주장을 궤변으로 낙인찍어 버렸다. 하지만 당시에는 제논의 역설이 객관적으로 틀렸다고 말할 수는 있었지만 논리적인 반론은 불가능했다. 현실 세계에서 실제로 변화가 발생한다는 걸 증명하기 위해 자리에서 벌떡 일어나 걸으면서 움직인다는 걸 보여주고 싶은 마음이 굴뚝같지만, 그렇게 말하면 제논은 '눈의 착각일 뿐이오!'라고 반박할 것이다.

제논의 주장에 논리적으로 반박하길 원한다면 우리는 그 가정이 가진 문제점을 찾아야 한다. 가령 그가 사용한 전제가 잘못되었다는 걸 밝혀내거나 그가 세운 가정이 틀렸다고 말할 수 있을 때 해당 주장을 논리적으로 격파할 수 있다. 제논의 역설을 해결하지 못한 이유는 무엇일까? 당시에는 유한한 수를 무한 번 더하면 무한이 나온다고 생각했다. 그런데 19세기 최고의 수학자 중 한 명인 게오르크 칸토어의 무한론에 의해 오류가 있다는 것이 증명됐다. 같은 비율로 변하는 양의 정수의 무한한 합은 유한하다는 것이 그의 결론이었다.

이는 수학의 통념을 완전히 뒤집어놓았다.

제논의 역설에서 거북이는 처음 10미터 나아가고 그 다음에 1미터, 그 다음 1/10미터라는 같은 비율로 무한히 나아간다. 10 더하기 1 더하기 1/10 더하기…로 나아가는 이 무한급수의 합은 유한하며 그 합은 100/9미터라는 유한한 수로 '수렴'한다. 아킬레우스는 100/9미터를 달리게 되면 거북이를 따라잡는 것이다. 이렇게 한계가 있는 무한한 수는 유한한 수보다는 크지만, 절대적으로 무한하지는 않은 무한수다. 셀 수 있는 무한과 셀 수 없는 무한이 있는 것이다. '수렴'이라는 새로운 개념을 통해 이 역설을 이해하고 해결하는 데는 무려 2500년이 필요했다.

제논의 역설은 틀린 것으로 증명되었지만, 역설 속 논리의 한계를 드러내기 위해 다양한 학문적 시도들이 이루어졌다는 점에서 20세기의 만물

박사 버트런드 러셀은 제논의 학문적 공헌을 크게 인정했다. 러셀은 제논을 시간과 공간, 그리고 무한대에 관한 후대의 모든 이론의 기초를 제공했다고 평가했다. 제논의 역설은 인간의 근원적인 사유 능력을 자극하며, 무한대와 공간과 시간에 대해 숙고하게 하는 매력적인 방법론이다.

제논의 역설이 탄생시킨 수많은 이론이 있지만, 나는 이 질문을 남기고 싶다. 혹시 우리는 앞서 가는 거북이를 '뒤따라가야 한다'고 생각하는 아킬레우스로 살고 있지 않았는지 말이다. 제논의 역설에는 숨은 전제가 있다. 아킬레우스는 거북이를 뒤따라가야 한다는 전제, 목표에 도달하기 전에는 그 절반 혹은 특정한 지점을 거쳐야 한다는 전제는 제논의 논리에 숨은 오류다. 그 전제에 갇혀 있다면 아무리 발이 빠른 아킬레우스일지라도 거북이를 추월할 수 없고, 잡초는 정원사의 통제

력을 벗어날 수밖에 없으며, 세상은 절대 바뀌지
않는다.

아무런 의심 없이 논리적이지 않은 말에 쉽게
넘어갈 때가 있다. 무언가를 이루기 위해서, 원하
는 목표에 도달하기 위해서 앞선 성공 사례를 무
조건적으로 따라야 한다는 잘못된 전제를 세울 때
도 있다. 이를 간파할 때 우리는 우리만의 길을 찾
을 수 있을 것이다. 그러니 자신의 중심을 세우고
진실을 바라보자.

모든 위대한 일들은
작은 것에서 시작된다

- 파종

정원에서 해야 할 수많은 일들 중에서 나에게 가장 큰 즐거움을 주는 작업은 단연 파종이다. 씨앗에 담긴 잠재된 생명력이 발아를 통해 분출될 일만 남아 있기 때문이다. 향긋한 냄새가 나는 부슬부슬한 퇴비에 손을 넣거나, 따뜻한 땅을 조금 파내거나, 심을 씨앗을 손으로 직접 만지기만 해도 생의 신비는 파도처럼 밀려온다.

도시에서는 씨앗을 볼 일이 거의 없었지만 시

골 정원으로 온 다음부터는 대부분의 식물을 씨앗 상태로 처음 접한다. 코르크 같고 울퉁불퉁한 비트 씨앗. 선명한 세로줄 무늬가 멋있는 매끈한 타원형의 해바라기 씨앗, 마치 비밀 임무에 나선 듯 공기 중에 흩어져 있는 성긴 잔디 씨앗은 다 자란 모습만큼이나 각기 개성이 강하다. 나는 개인적으로 더 세밀한 크기의 씨앗들을 좋아한다. 양귀비, 물망초, 맨드라미…. 특히 타임이나 오레가노 같은 허브 씨앗은 정말 작아서 실크처럼 손가락 사이를 간질이며 빠져나간다. 여러 씨앗 중에서도 '몬티아'로 알려진 쇠비름의 씨앗이 가장 좋다. 작고 윤이 나는 쇠비름의 검은 씨앗은 손바닥 위에서 매끄럽게 흘러내린다. 쇠비름의 통통한 이파리는 맛도 있고 영양분도 풍부하다.

가을에 씨앗을 모으는 건 그해 성장기에 거둬들인 승리의 기쁨을 이듬해로 이월시키는 가장 왼벽한 방법이다. 씨앗을 거둬들이면 한해살이 식물이라 해도 그 식물이 영원히 사라지는 게 아니라는 걸 깨닫게 된다. 그리고 새로운 씨앗에서 자라난 작은 묘목이 모체보다 훨씬 잘 크리라는 기대가 샘솟는다.

쌀쌀한 봄날에 씨앗을 한 손에 한 움큼 올리고선 하나씩, 혹은 손끝으로 한 자밤씩 씨앗을 심는 동안 '더미'의 역설에 대해 자주 생각한다. 내 손바닥에 올려둔 작은 씨앗 더미에서 씨앗을 한 번에 하나씩 덜어가면 더미가 더 이상 더미가 아닌 순간은 언제일까? 만일 더미가 천 개의 씨앗에서 시작된다면, 씨앗의 모양이 어떻게 생겼든 얼마나 크든 상관없이 더미라고 부를 것이다.

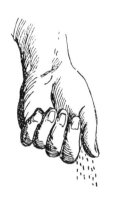

아마 999개도 더미라고 부를 것이다. 하지만 씨앗이 하나씩 사라지면서 우리는 더 이상 그것을 더미라고 부르지 않는 순간에 도달하게 된다.

반대의 경우도 마찬가지다. 만일 씨앗 한 개로 시작해서 한 번에 하나씩 씨앗을 더해간다면, 우리는 언제부터 이 씨앗을 더미라고 부를 수 있을까? 시시한 질문으로 보일지 모르지만, 이 질문은 우리가 언어학과 논리학 그리고 세상의 본질을 생각하는 방법에 지대한 영향을 준다. 일찍이 버트런드 러셀이 강조하지 않았던가. 모든 자연어는 모호하므로 우리는 세상과 세상에 대한 우리의 인식을 더 잘 이해하기 위해 모호성을 다루는 방법을 찾아야만 한다고 말이다.

이 역설을 풀어가는 한 가지 해법은 이 전제들 가운데 하나를 부인하는 것이다. 가령 하나의 씨앗을 더한다고 해서 더미가 되지 않는다고 주장하면 된다. 그런데 우리가 여전히 '더미'라는 단어를 쓰기 원한다면, 혹은 그 단어가 아무리 모호하다고 해도 우리에게 필요한 만큼의 정보를 주며 다른 사람들과 소통하는 데 큰 오해가 생기지 않는다면, 더미라는 용어를 배제하는 건 적절한 해법이 아니다. 누군가에게 '퇴비 더미는 더미가 아니야'라고 말한다면 헛소리로 들릴 것이 분명하다.

이 역설의 주된 문제는 '더미'라는 용어에 '언어의 모호성'이 작용하기 때문이다. 이는 '젊은', '녹색의', '가치 있다'와 같은 주관적이고 상대적인 용어 혹은 서술어를 사용할 때도 비슷한 문제를 야기한다. 반면 숫자를 활용하는 용어는 훨씬 정확하다. 예컨대 나무는 네 살 혹은 1460일이 되었다고 표현할 수도 있고, 그 외의 모든 표현도 얼마든지 우리가 설명하고 싶은 대로 정확하게 수

치화할 수 있다. 더미는 더미에 하나를 더하더라도 더미이기 때문에 그 기준이 모호하지만, 나이에 또 하루를 더하더라도 어떤 역설도 생기지 않는다. 그저 1461일이 될 따름이다.

이렇듯 세상에는 '있음'과 '없음'이라는 명확한 기준으로 나뉘는 것과 연속적인 값으로 표현되는 게 있다. '있음'과 '없음'이라는 명확한 분리 상태를 기준으로 하는 전통적인 논리는 수적 정확성을 따르는 경향이 있다. 전통적인 논리 명제는 그 명제가 진실인지 거짓인지를 판단하는 이치논리(二値論理)를 사용한다. 예컨대 '씨앗 한 개는 더미가 아니다'는 진실이다. 그리고 사람들은 대부분 '백만 개의 씨앗은 더미가 아니다'라는 문장을 들으면 거짓이라고 말할 것이다. 그렇게 씨앗 한 개와 백만 개 사이라는 더미의 범위가 정해진다. 이치논리로 어느 정두의 기준을 세울 수는 있지만,

충분한 정도는 아니다.

한편 연속적인 값으로 표현되는 모호성을 연구한 사상가들은 참이냐 거짓이냐로 구별하지 못하는 '정도'에 관한 체계, 퍼지논리(fuzzy論理) 혹은 다치논리(多値論理)를 개발했다. 이 체계에서는 진실과 거짓뿐만 아니라 제3의 진실값을 구성하는 불확실한 상태가 존재한다. 불확실한 상태에서는 '아마도'나 '부분적으로'와 같은 생각이 포함될 수 있다. 예컨대 '미지의' 혹은 '알 수 없는', '무관한', '중립의'와 같은 개념이 이에 속한다.

한 개의 씨앗이나 더미를 이루지 못한 복수의 씨앗들, 누가 봐도 더미인 많은 씨앗 사이의 회색지대는 모호하고 불확실한 상태다. 그러므로 한 개의 씨앗은 '더미다움'의 영역과 거리가 꽤 멀고, 두 개의 씨앗은 그보다 더 더미답긴 하지만 여전히 모자라다. 이런 식으로 '더미다움'의 역치까지 도달했을 때 우리는 그제야 씨앗을 더미라고 묘사할 수 있다.

이 연속적인 스펙트럼은 더미가 아닌 상태부터 더미가 되는 과정, 혹은 그 반대의 경우를 묘사하는 데 사용된다. 역치 자체는 임의적이어서 설명하는 사람마다 다르겠지만 적어도 씨앗에는 처음부터 더미가 될 잠재력이 있다. '있음' 아니면 '없음' 둘 중 하나의 상태로 정의하는 전통적인 이치논리보다 다치논리가 더미가 아닌 상태에서 더미 상태로 넘어가는 전환이 덜 급작스럽다.

모호성과 점진적인 변화를 둘러싼 이러한 생각은 개인의 힘에 대해 다룰 때도 중요하다. 가령 민주주의에서 한 표는 아주 작은 부분이지만, 한 사람의 의견을 전하는 가장 정확한 방법이다. 물론 후보가 한 표 차이로 선거에서 이기는 경우는 거의 없다 보니 한 표의 의미를 잘 느끼지 못하는 경우도 많다. 유권자 개인의 힘이 없다고 느껴 투표를 번거로운 일로 치부하는 사람들도 있다. 하지만 많은 사람이 이렇게 느끼게 되면 선거 결과가 크게 달라진다. 내가 던지는 한 표는 한낱 한 표가 아니다.

우리의 하루도 마찬가지다. 우리는 돈으로 단 1초도 살 수 없다는 걸 잘 알고 있지만 짧은 시간을 무심하게 흘려보낼 때가 있다. 누구나 '5분만 더 쉬자'고 생각하다가 40분, 심지어 한두 시간을 흘려보낸 경험이 있을 것이다. 그런데 이런 사소한 기억이 자꾸 쌓이다 보면 '나는 시간 관리를 못하는 사람이야'라는 위험한 생각에 빠지게 된다. 시간에 대한 자율성과 통제력을 영영 잃어버리게 되고 무기력해지기도 한다.

스물네 시간이라는 하루를 생각했을 때 5분은

미미하다고 생각할 수 있다. 하지만 5분을 대하는 태도는 삶의 많은 것들을 뒤바꾼다. '5분인데 괜찮겠지' 하는 생각이 쌓인다면 무기력과 우울로 이어질 것이다. 반면 '5분만 더 집중해 보자' 하는 생각이 쌓이면 인생에 대한 통제력과 효능감을 느끼며 살아갈 것이다.

앞서 설명한 논리적 사고를 일부 활용해 말하자면, 아주 미미하게 보이는 것들은 우리의 생각보다 훨씬 더 큰 영향력을 갖고 있다. '나의 표는 영향력이 없다'라는 명제의 진실값은 진실도 거짓도 아니며, 그 중간 어디쯤에 있을 것이다. 즉 당신이 가진 표의 가치는 0이라는 무가치가 아니라 0과 1 사이에 있다. 이 명제는 당신의 표가 아무런 영향력이 없는 게 아니라는 걸 논리적으로 증명한다. 게다가 이 시나리오는 당신이 투표를 하느냐 안 하느냐만 따질 뿐이다. 그 외의 다른 행동은 고려하지 않고 있다. 당신의 행동이 주변 사람들에게 미칠 도미노 효과까지 생각하면 그 영향력은 더욱 커진다. 하루 5분에 진심을 담는 것도 마찬가지다. 작은 것들이 불러일으키는 파급력은 어마어마하다.

마하트마 간디는 '자신 스스로를 바꿀 수만 있다면 세상도 바뀔 것'이라 했다. 자신이 원하는 세상의 모습을 적극적으로 보여주며 살아야 한다는 것이다. 간디는 개인의 힘이 얼마나 큰 변화를 만들 수 있는지, 개개인의 행동이 모여서 어떻게 거대한 집단의 영향을 가질 수 있는지, 어떻게 해야 작고 개별적인 행동이 거대하고 지속적인 운동으로 바뀔 수 있는지를 매우 잘 아는 사람이었다.

평범한 우리의 작은 정원이 가치가 있다고 해도, 그 가치가 크진 않다고 느껴왔을 수 있다. 창가에 화분을 모아두고 나무 한 그루를 심는 게 정말 가치가 있을까? 그런 행동이 세상에 무슨 차이를 낳는단 말인가? 그러나 무턱대고 비관하다 보면, 엄연히 존재하는 진실된 가치를 볼 수 없다. 창가의 식물과 땅에 심은 나무는 우리 주변의 공기를 정화하고, 곤충과 여러 생명들을 불러들이며, 보는 사람들에게 즐거움을 준다. 게다가 이 영향력은 전파되어 옆의 이웃들까지 덩달아 화초를 가꾸고 나무를 심게 한다. 이런 행위 자체가 세상의 문제를 해결하진 않는다. 하지만 씨앗 하나의 힘은 이처럼 놀랍고 위대하다.

한 번에 씨앗 한 개를 옮겨 씨앗이 움직이는 흐름이 되고 이것이 모여 더미를 만드는 것처럼, 이 세상은 낱낱이 존재하는 것들의 연속적인 상태로 이루어져 있다. 이는 철학자들이 수세기 동안 고민해 온 문제다. 철학자들은 이 세상이 낱낱의

물질로 구성되는지, 아니면 연속적인 물질로 구성되는지를 두고 끊임없이 논쟁했다.

고대 그리스의 데모크리토스는 세상이 원자로 구성되어 있다고 보았다. 원자는 영구적이고 변하지 않으며 쪼갤 수 없는 근본적인 입자로, 데모크리토스는 원자들이 결합하고 합쳐져서 세상의 모든 복잡한 물질을 만든다고 주장했다. 원자들 사이에는 빈 공간이 있고 이 진공 상태에 원자들이 떠돈다. 원자가 여러 개 모여 연속적인 덩어리를 이룬다고 하더라도 원자는 하나의 원자로 낱낱이 분해될 수 있다. 고대 인도의 많은 학파도 세상은 쪼갤 수 없는 단위로 구성되었다고 여겼다. 이를 '깔라빠'라고 했는데, 이후 인도 불자들은 깔라빠가 짧은 순간만 존재하여 끊임없이 나타났다 사라진다는 이론을 내놓았다.

시간이 지나 과학이 급속하게 발전하면서 인

간의 머릿속에서나 상상할 수 있었던, 세상을 구성하는 가장 작은 단위의 비밀을 더 잘 알게 되었다. 원자는 데모크리토스가 상상했던 것처럼 모양과 크기가 무한하지도 않고, 똑딱이 단추처럼 서로 맞물려 존재하지도 않는다. 게다가 원자를 더 작은 단위로 쪼갤 수 있다는 사실 또한 밝혀졌다. 원자는 원자핵과 전자로 이루어져 있으며 원자핵 또한 중성자와 양성자로 구성되어 있다. 핵반응을 통해 더 작은 단위로 나누는 것도 가능하다. 하지만 모든 물질을 구성하는 근본적인 입자가 존재하느냐 하는 핵심적인 생각은 여전히 논쟁의 대상이며, 물리학의 주요한 연구 분야 중 하나다. 언젠가 모든 물리적인 물질을 구성하는 근본적인 입자를 발견하게 될까? 여전히 우리의 세계는 미지의 영역으로 가득하다.

흙에서 살아가는 정원사들은 자신만의 방식으로 기한을 정하여 일을 해나가는 경향이 있는데, 그렇게 하지 않으면 아무것도 이루어낼 수 없기 때문이다. 내가 씨앗을 지금 당장 뿌리지 않고 한 시간 기다린다면 발아 시점에 실질적인 영향을 줄까? 더 길게, 가령 두 시간을 기다리는 건 어떠한가? 내일 씨를 뿌린다면? 모레나 다음 주, 다음 달은 어떤가?

정원사는 식물이 어떤 계절에 어떤 모습으로 성장할지를 현실적으로 따져보며 정원을 돌본다. 다시 말해 끊임없이 흘러가는 시간의 연장선 속에서 꼭 마무리되어야 하는 날을 정하고, 이 날짜까지 싹이 돋지 않으면 이듬해까지 기다려야 한다는 기준을 세워 따른다. 연속된 시간 속에서 자신만의 기준점으로 시간을 구분하고 그 결정에 따라 행동하는 것이다. 그러니 정원사들은 '오늘 할 일'

을 내일로 미루지 말라'라는 격언을 실천하는 사람들이다. 지금이 바로, 씨앗 봉투를 열어볼 때다.

내 삶의 주인으로 산다는 것

- 정원사

자기만의 정원을 가꾸는 정원사는 정원의 통치자다. 정원을 어떻게 가꿀지 계획을 세우고 이를 실천할 적당한 공간을 발견했지만, 잡초가 무성하거나 토양이 척박하거나, 설상가상으로 당신의 취향에 전혀 맞지 않은 식물들이 이미 땅을 차지해서 자라나고 있다고 상상해 보자. 어디서부터 손을 대야 할까? 어떻게 해야 눈앞에 펼쳐진 현실을 극복하고 당신의 꿈을 실현할 수 있을까? 지기

만의 정원을 가꾸는 사람들은 스스로를 실존주의자라고 생각하지 않을지 모르지만, 이러한 질문이 떠올랐다면 당신은 실존주의자다.

니체, 하이데거, 사르트르…. 실존주의자라고 하면 무게나 잡고 멋이나 부리며, 다소 우울하고, 실내에만 있으려 하고, 검정 터틀넥을 입고 다소 뚱해 보이는 사람들을 떠올리게 된다. 많은 철학 용어들이 그렇지만 실존주의 또한 평판이 나쁘다. 많은 경우 이들의 말을 오해한 것이지만 말이다.

철학의 한 학파인 실존주의는 철학적 논쟁에서 대개 당연시되는 단순한 실재, 혹은 실재 자체에 관한 생각에서 모든 질문을 시작한다. 혼돈의 세상을 살아가는 우리는 자신의 삶을 운명에 수동적으로 맡기지 말고 합리적인 의사결정을 내리기 위해 노력해야 한다면서, 벌어진 일을 그저 받아들여서는 안 되고 뿌리 깊은 내면에서부터 삶을 이해해야 한다고 가르친다. 실존주의자들에 따르면 우리가 유일하게 알 수 있는 것은 '내가 지금 여기에 실존한다'는 사실뿐이다. 이를 기반에 두고 다음 단계로 나아가야 한다.

실존의 자각은 고독한 개인의 영역이다. 오직 나만이 내 삶에 의미를 부여할 책임이 있고, 자신의 가치를 만들어갈 수 있다. 실존주의 사유에서 자주 다루는 주제는 '본래적 실존'으로, 자기 자신을 창조해야 하고 그 창조에 따라 살아야 한다는 뜻이다.

생각해 보면 정원을 계획하는 일에는 실존주의자들이 익숙하게 느낄 부분이 적지 않다. 텃밭에 조금이라도 더 깊게 관심을 기울여 본 사람은 책이나 잡지에 소개된 정원에 관한 내용을 모두 잊어야 한다는 신념을 가지게 되는데, 책에 적힌 내용이 실제와 상당히 다르기 때문이다. 농지의 잡초를 송두리째 파내고 맨땅에서 시작해야 하나? 땅을 비닐이나 덮개로 덮고 1년간 놔두어야 하나? 아니면 지금 상태에서 그냥 시작해도 될까? 유기농으로 키워야 하나, 제초제로 잡초를 죽여야 하나? 강하게 키워야 하나, 애지중지 길러야 하나? 야생 생물들의 천국이 될 목초지를 마련해야 하나, 깔끔하게 정리된 잔디밭과 화단을 조성해야 하나? 먹거리 재배에 집중해야 하나, 마음의 안식을 줄 식물들을 키워야 하나?

당신만의 작은 정원을 어떻게 계획하고 무엇을 중요하게 삼을지, 잔디·화단·울타리·과수원·들판·헛간·온실·퇴비 더미로 구성된 혼돈의 세계에 어떤 질서를 부여하고 지키며 살지는 전적으로 당신에게 달려 있다. 당신은 그 혼돈 속에서도 질서를 알아채고, 스스로의 계획을 높이 평가하는 유일한 사람일 것이다. 자기 확신에 차서 결정하고 실행하는 행위는 땅을 일구는 사람들의 흔한 특성이다. 그러니 정원을 이렇게 바꿔라 저렇게 바꿔라 조언하는 사람의 말이 과연 정원사에게 얼마나 먹힐지는 알 수 없다.

그렇다면 당신은 어떤 통치자가 되고 싶은가? 통치 유형은 대개 1인 지배, 소수의 지배, 다수의 지배, 아무도 지배하지 않는 상태로 구분된다. 즉 물려받은 통치권을 행사하는 1인 군주의 통치 혹은 군주제, 그 의미가 무엇이든 '최고'가 다스리는 엘리트주의 혹은 능력주의, 다수의 국민 뜻에 따르는 시민 정부 혹은 민주주의, 지배자가 아예 없는 무정부주의로 말이다. 물론 이건 가장 단순한 구분법이다. 통치 체제는 결합하거나 연합하기도 하고 특정 시기나 지역에 따라 통치자의 권력이 미치는 범위가 다르게 존재하기도 해서 실제로는 더 복잡한 양상을 보인다.

통치 유형은 바뀌기도 하는데 고대 그리스인들은 이 과정에서 체제가 왜곡될 것을 염려했다. 역사가 폴리비오스는 통치 체제가 뒤섞인 정부가 출현했다가 사라지기를 반복하는 일을 피할 수 없다고 보았다. 군주가 부패하거나 정치를 잘못하여 독재자가 되면, 폭동이나 쿠데타가 일어나 귀족들이 통치하는 체제로 바뀐다. 폴리비오스는 귀족 집권 후에는 여지없이 극소수의 지도자가 국가의 최고 기관을 조직하여 운영하는 독재적인 정치 체제 즉 과두제로 변질되어, 능력을 통해 특권을 얻은 사람들이 아니라 가장 부유하거나 막강한 권력을 잡은 소수의 사람들이 통치하는 세상이 온다고 주장했다.

과두제 이후에는 시민 정부가 등장한다. 아리스토텔레스는 민주주의란 투표를 통해 누구나 통치에 참여할 수 있게 되어 국민 전체의 선(善)보다는 궁핍한 사람들의 사적 이익을 대변하는 통치 형태라고 정의했다. 물론 당시의 시민이 누구를 의미하는 것인지를 생각해 보았을 때 현대적 정의와는 차이가 있다. 아리스토텔레스는 민주주의가 시민 정부의 왜곡된 형태이며, 이후 폭민 정치로 변질될 가능성이 크다고 보았다.

폭민 정치 다음에는 강력한 포퓰리스트 통치자가 나타나 무정부 상태에서 자신의 의지를 관철시키고 정부 비전을 제시한다. 이것은 이로운 점도 있지만 절대 권력을 가진 통치자이기에 얼마든지 부패할 수 있다. 절대 권력의 부패는 또다시 폭동과 쿠데타로 이어진다. 인류의 근현대사를 살펴보면 아리스토텔레스의 이러한 통찰이 얼마나 정확한지 놀라울 따름이다.

정원을 계획하고 운영하는 데 있어서 무엇이 최선의 통치 형태일까? 분명하고 흔들림 없는 하나의 통치 비전 말이다. 특정한 통치 유형이 절대적으로 좋은 국가를 만드는 건 아니라고 본 아리스토텔레스와 달리, 플라톤은 철학자가 다스리는 세상을 이상적이라고 보았다. 즉 일종의 군주제 혹은 1인 통치다. 그리고 플라톤이 이상적으로 그린 세상에서 철학자는 자신의 이익이 아니라 국민의 이익을 위해 통치하는 사려 깊고 합리적인 사람이다. 그런 통치자의 핵심적인 특징은 집권을 꺼리는 태도다. 이를테면 이 군주는 백성을 착취하지 않으려 노력하는 자애로운 독재자다.

단 하나의 체제를 수립하는 것. 이것이 플라톤이 생각한, 문제를 잘 처리하기 위한 핵심이다. 논쟁을 하거나 행동을 정당화할 필요까지는 없겠지만 만일 비전이 불완전하거나, 잘못된 방향으로 설정됐거나, 정원에서 정치의 부패보다 더 심각한 식물의 부패가 일어난다면 어떻게 해야 할까? 그렇다면 여러 전문가들이나 경험이 많은 사람에게 조언을 얻어 운영하는 능력주의가 최선일 수도 있다. 물론 이 경우에도 맹목적으로 전통을 따르거나 자기 가족만을 우선시하거나 정치 자금에 의존하거나 하지 않고 진정한 능력만을 발휘하며 통치할 수 있는가 하는 질문이 남는다.

권력 남용이 발생하지 않으려면 정원에 관련된 모든 사람이 정원의 운영에 참여해야 한다. 모두가 정원 운영 방식에 관한 발언권을 갖는 민주주의가 최선일 수도 있다. 물론 민주주의에도 허점은 있다. 다양한 관점이 불러일으킨 논쟁과 의견 불일치가 끊임없이 이어져 무언가를 실행할 권한을 아무도 갖지 못할 수도 있기 때문이다. 그런가 하면 모든 의사결정이 아무도 만족하지 못하는 타협으로 끝나버릴 수도 있다.

정답이 없는 통치의 세계에서 우리는 하나의 통찰을 얻을 수 있다. 완벽한 통치 체제는 없다는 것 말이다. 그렇다면 통치의 형태가 아니라 더 느슨하고 온건한 접근이 적합하지 않을까?

누군가는 인간이 나서지 말고 자연이 정원의 통치자가 되는 것이 가장 좋은 방법이라 주장할 것이다. 마치 스토아학파처럼 말이다. 스토아학파에 따르면 인간은 자연의 일부일 뿐이다. 이들은 인간이 세상에 대해 가진 통제력이 식물이나 다른 동물들이 가진 정도와 같기 때문에 절대로 특별하다고 여겨지거나 과하게 행사되어서는 안 된다고 보았다. 인간이 처한 직접적인 환경과 행동을 제외하면 말이다. 그래서 스토아학파는 인간도 사물이 성장하고 변화하는 자연의 방식을 수용하고, 그 안에서 잠재력을 발휘해야 한다고 보았다.

스토아학파의 주장에서 우리가 종종 오해하는 사실이 있는데, 스토아 철학자들이 삶에서 찾아오는 모든 고통을 참아야 한다고 주장했다는 것이다. 일부분은 사실이지만, 순간에 벌어지는 일들을 인간이 통제할 수 없다고 보았다는 게 더 정확한 해석일 것이다. 이 점을 염두에 두고, 자연에 순응하여 생태계 전체를 위해 우리의 행동을 바꾸는 동시에 그 과정에서 마주치는 모든 과제와 시련을 수용하고 당당히 극복해야 한다. 식물이 자랄 수 없는 척박한 환경에서 애써 식물을 키우며 자연을 거스르려 하는 게 아니라면, 자연의 잠재력을 믿고 있는 그대로의 정원을 유지하거나 조금 도움을 주는 방식으로도 그 잠재력을 키워낼 수 있다.

정원을 어떻게 가꿀 것이냐의 문제에서 오늘

날 우리가 중요하게 고려해야 할 사항 중 하나는 바로 기후 위기다. 자연을 멋대로 운용한 덕분에 인류에게는 남은 시간이 별로 없다. 문화적 특성을 보존하고, 훼손된 자연을 회복하며, 기후변화를 멈추기 위한 적극적인 노력이 그 어느 때보다 필요하다. 이를 실천하기 위한 방법으로 현재 가장 많이 논의되는 두 가지 방법은 '다시 야생으로' 돌아가는 재야생화와 자연을 '예전처럼 되살리는' 재생농업이다.

먼저 재야생화는 보존생물학자인 마이클 술레와 리드 노스가 최초로 제시했는데 이들은 다양한 생명이 조화를 이루며 살아가기 위한 방법을 아주 구체적으로 고안했다. 생명체들의 서식지를 확대하기 위한 '핵심 보호 지역' 지정, 동물의 이주와 이동을 돕기 위해 야생 보호 지역을 연결하는 '이동 경로' 형성, 먹이사슬 전체를 안정적으로 유지시키는 포식자인 '육식 동물의 보존'을 그 방법으로 제안했다.

솔레와 노스가 고안한 방법에는 늑대·멧돼지·비버·맹금류 등이 세계 곳곳에서 다시 살게 하는 계획도 포함되어 있다. 멸종되었거나 인간이 주인이 된 문명사회에서 모습을 감춘 동물들을 다시 불러들이려는 것이다. 이 동물들을 다시 살게 하려는 이유는 인간의 간섭 없이 지역 생태계의 균형을 유지하기 위해서다.

재생농업은 방법이 조금 다르다. 토양과 유기물에 탄소를 저장하는 식물을 재배해 이산화탄소를 줄이고, 생물학적 다양성의 확대와 지역 수질 개선과 같은 부가적인 이점을 가진 식품을 생산하는 농업 방식을 일컫는다. 우리가 재야생화와 재생농업이라는 각각의 자세한 방법보다 더 주의 깊게 들여다보아야 하는 것은 바로 위기에 처한 자연의 현실이다. 과거에 모든 것이 균형 잡히고 자급자족하던 시기가 있었던 반면, 이제는 모든 것이 끊임없이 바뀌고 충돌한다고 자연이 우리에게 알려주고 있다.

우리가 지향해야 할 과거는 언제인가? 재야생화와 재생농업을 실천하며 우리가 목표로 삼아야 하는 과거의 특정한 시점이 있을까? 아마도 쥐라기 시대처럼 먼 옛날은 아닐 테니, 20세기 초반이나 빅토리아 여왕이 통치했던 19세기, 그것도 아니면 튜더 왕가가 다스렸던 15세기 무렵에 있었던 자연의 모습을 목표로 해야 할까? 그렇다고 하기엔 여전히 문제가 있다. 번식을 위해 인간에게 의존하여 살아가는 새의 종류가 영국에만 열아홉 가지 이상의 종이 있는데, 인간 활동에 더 이상 의존하지 않는 다른 종들을 위해 인간 옆에 사는 방법을 찾아 진화해 온 그 새들을 무시하는 것 또한 정당한 일이 아니다.

식물 또한 자연스럽게 분포하는 것처럼 보여도 인간들이 개입한 경우가 많다. 오래된 원시림이 아니라면, 인류는 대개 목재를 위해 소나무를 키웠다. 때로는 어린나무의 밑동만 남기고 베어 그루터기에서 새로운 나무가 자라도록 저목림 작업을 하거나 일반 가정집에서 울타리를 조성하기 위해 개암나무나 버드나무를 대량으로 키우면서 지금의 정원 형태가 갖춰졌다. 그런 삼림지대를 가만히 방치하면 단일종으로 우거진 숲이 조성되어 다른 종은 자랄 수 없게 되어, 건실하게 자란 밤나무나 개암나무의 기둥을 쳐내어 더 많은 빛을 숲에 들이고 야생동물들이 유입될 수 있게 인위적으로 관리한 숲보다 생물학적 다양성이 떨어질 수 있다.

정원에 별로 손을 대지 않고 자연의 뜻대로 놔

두면 과연 무엇이 자랄지 알 수 없다. 까마득히 먼 옛날 로마인들이 서기 43~410년 사이 영국에 왔을 때 무엇을 들여왔는지, 이 땅의 주인들이 무엇을 심었는지, 이웃들이 무엇을 키웠는지에 따라 달라질 것이다. 특정 지역에 원래부터 자라온 것과 선조들이 그 지역에서 원래 있었다고 생각하는 것 사이에는 매우 큰 차이가 있다. 그러니 정원에 자기만의 시도를 해보는 것에 죄의식을 느끼지 말자. 그 지역에서 먼 과거에 주로 자란 식물들을 참조하는 것도 좋은 방법이다. 이 땅에서 자란 적이 있는 식물들은 당연히 잘 자랄 것이다.

정원을 가꾸는 우리는 이 땅에 새로운 흔적을 남기고 혁신적인 재배 방법을 실험해 볼 수도 있다. 정원을 가꾸는 일은 오로지 정원사의 몫이다. 누군가의 조언을 따라야 할 의무도, 다른 정원을 모방할 필요도 없다. 그저 자연이 가진 잠재

력에 귀를 기울이며 자신만의 정원을 공들여 키워
내기만 하면 된다. 조언에 휘둘리지도 맹목적으로
따라가지도 말자. 드넓은 땅 한가운데에서 유일한
나만의 정원을 가꾸자.

여름
성장의 진정한 의미

그저 흘러가도록 두는 지혜

- 소나기

　야외에서 장시간 일하다 보면 날씨의 변화가 몸으로 전해진다. 낮이 길고 해가 쨍쨍한 여름날에는 몸이 따뜻하고 활력이 넘친다. 해가 늘어난 만큼 밖에서 일할 수 있는 시간도 늘어나고 햇볕을 받아 일할 의욕도 샘솟는다. 해가 뜨는 이른 아침부터 해가 지는 늦은 저녁까지 많은 일을 한다. 다행스러운 일이다. 정원이 가장 열심히 성장하는 시기가 바로 여름이기 때문이다 여름에는 식물도 활기가 넘친다. 넘치는 활기가 무색해지지 않도록 인간도 더 힘을 내서 정원을 보살펴야 한다. 쓰러지거나 꺾이지 않고 특정한 방향으로 잘 자라나도록 줄기를 잡아주고, 식물을 키워내느라 진이 빠진 토양에 물을 듬뿍 주고, 무르익은 과실을 따야 한다. 무성한 잡초와 늘어나는 해충들의 공격에서 식물을 지키려면 우리의 손발도 그만큼 바빠야 한다.

반대로 기온이 떨어지고 낮의 길이가 짧아지는 겨울이면 인간의 에너지 수준도 떨어진다. 해야 할 일을 처리하고 다음 시기를 미리 계획하고 여름에 해결할 시간이 없었던 일들을 해치우려 하지만, 쌀쌀한 바람이 부는 추운 겨울날이면 정원사도 대개 칩거하거나 정원과 마찬가지로 휴면기에 들어간다.

우리는 계절의 변화에 발맞춰 야외 정원을 가

뛰어야 한다. 그게 야외 정원을 가꾸는 매력적인 점 중 하나다. 정원이 휴면기에서 활기 넘치는 시기로 넘어갔다가 다시 휴면기로 바뀌는 1년 내내 단 하루도 같은 날을 찾아볼 수 없기 때문이다.

노련한 정원사들은 이렇게 말한다. 지금 이곳에 무엇이 필요한지, 당신이 무엇을 해야 하는지를 정원이 말해준다고 말이다. 이를테면 정원 일에 충분히 익숙해졌을 때 바빠질 봄과 여름에 대비하여 겨울에 에너지를 비축하고, 볕이 좋을 때 건초를 만들고, 다가올 추운 날들을 보내기 위해 또 무엇을 준비해야 하는지 저절로 깨닫게 될 것이다. 잡초가 자라나고 해충과 질병이 출현하는 것은 정원이 당신과 소통하고 있다는 신호다. 습한 곳을 좋아하는 다년생 속새나 쇠뜨기말을 발견했다면, 물에 잠긴 땅이 있거나 배수가 원활하지 않거나 토질의 밀도가 너무 높다는 뜻이다. 다섯

개의 아주 작고 흰 꽃잎을 피우는 별꽃이 많이 피었다면, 다른 식물들이 쓸 질소가 많다는 뜻이다. 진딧물이 습격했다면, 해당 식물에게 공급되는 땅속 영양분이 지나쳐 과도하게 성장한 탓일 수 있다. 혹은 그 식물이 너무 연약해서 벌레의 공격을 이겨낼 수 없는 상태일 수도 있다.

정원에 심각한 문제가 생기면 대개 생태계의 어느 지점에 불균형이 발생한 것이다. 이렇게 되면 새로운 해충과 질병이 끊임없이 출현해 불쌍하고 연약한 식물을 노리기 쉬운데, 안타깝게도 정원사가 이런 문제를 예방하거나 대비하기는 쉽지 않다. 뿐만 아니라 급속한 기후변화로 예측 불가능한 새로운 문제들이 생겨나기도 한다. 따뜻해진 겨울, 메마른 샘물, 비가 그치지 않는 여름은 해충들이 창궐하기에 안성맞춤인 조건을 제공한다. 그렇지만 지나치게 비관할 필요는 없다. 건강한 정원이라면 포식자인 곤충들과 동물들, 더불어 유익한 박테리아와 곰팡이가 나서서 도와줄 것이므로 신속하게 균형을 회복할 수 있다.

고대 그리스의 스토아학파와 더불어, 자연과 일치된 삶을 추구한 키니코스학파는 결국 자연이 승리할 것이므로 자연의 섭리에 대항하지 말아야 한다고 굳게 믿었다. 만일 민달팽이가 스토아 철학자의 배추를 전부 먹어치웠다면, 그는 자신이 무엇을 잘못했는지 궁금해하며 자연의 이치에 정원을 더 맞추는 방향으로 행동을 바꿀 것이다. 스토아 철학자들은 '스토아학파답게' 불평하지 않고 현실을 겸허히 받아들이며, 이전과 다르게 행동해 더 나은 결과를 얻을 것이다. 또한 단순히 한 가지 문제나 증상만을 해결하려 들지도 않을 것이다. 그렇게 하지 않으면 정원의 다른 부분에서 균형이 깨질 수 있기 때문이다.

　가운데는 노랗고 꽃잎은 흰색인 국화과의 제충국(除蟲菊)은 꽃 부분에 강력한 살충 효과를 내는 기름 같은 물질이 있다. 꽃을 잘 말리면 진딧물이나 코들링나방처럼 성가신 해충을 박멸하는 천연 살충제가 된다. 하지만 그 성분이 꽤 유독하여 이 성분에 접촉한 거의 모든 곤충들에게 영향을 끼친다. 해충들뿐만 아니라 무당벌레나 벌, 풀잠자리 같은 익충들까지 무차별적으로 죽게 된다.

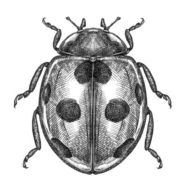

한번 살포하면, 다음에 다시 해충들이 찾아왔을 때 이를 막을 포식자를 포함해 어떠한 곤충도 남아 있지 않아 재차 피해가 발생한다. 결국 더 많은 살충제를 사용하게 되어 자연의 균형을 회복할 수 없는 지경에 이른다.

물론 많은 과실을 수확해야 하는 상업용 과수원에서는 다른 현실적인 방책이 없으니 역효과를 낳는 걸 알면서도 살충제를 사용할 수밖에 없다. 하지만 장기적으로 가장 회복탄력성이 좋은 묘책은 인간이 개입하지 않고 자연의 해충 통제 시스템이 균형을 되찾도록 하는 것이다. 즉 우리는 자연의 순리를 따르기만 하면 된다.

자연의 흐름은 어떻게 작용하고 있을까? 아주 오래전 고대 그리스의 철학자들도 우리와 마찬가지로 세상의 원리를 찾고자 했다. 스토아하파아 키니코스학파에 영향을 끼친 철학자 헤라클레이 토스는 "같은 강물에 두 번 발을 담글 순 없다"고 하며 '만물은 흐르고 변한다'고 주장했다. 강물은 끊임없이 변하기 때문에 같은 물에 발을 두 번 담 글 수 없다. 물론 강의 이름이 달라지지는 않았으 니 그 강에 반복해서 몸을 담근 거라고 주장할 수 도 있지만, 강을 구성하는 물은 처음 발을 담갔던 그 강물이 아니다. 우리가 경험하는 물은 매번 완 전히 다르며 절대로 동일할 수 없다.

만물은 하나의 상태에 머무르지 않는다. 헤라 클레이토스의 말처럼 끊임없이 흐르고 변한다. 이 변화는 상반되는 두 힘이 주기적이고 역동적으로 서로 영향을 주고받는 관계 속에서 발생한다. 유 난히 뜨거운 여름날 어느 순간 세차게 소나기가 쏟아지듯 상반되는 두 힘은 서로 보완하는 성질을 갖는다. 그 힘은 하나에서 다른 하나로 끊임없이 바뀌며 온전한 하나를 이룬다. 만물은 영원한 변화의 상태 혹은 '무언가가 되고 있는' 상태에 있는 것이다. 헤라클레이토스는 이 변화를 일으키는 하나의 궁극적인 물질을 '불'이라고 생각했다. 현대적으로 해석해 보자면 그가 말한 불은 '에너지'다. 우리가 뜨거운 여름날 밖으로 나갔을 때 피부에서 느껴지는 생명력을 떠올리면 쉽다.

상호보완적인, 서로 필요로 하는 대립하는 한 쌍. 고대 중국철학에서는 이를 음양(陰陽)이라 설

명한다. 음양은 산의 그늘진 부분과 볕이 드는 부분을 의미한다. '그늘'과 '볕'은 완전히 다르지만 전체 산을 위해서는 모두가 필요하다. 볕이 든 부분, 즉 양(陽)이 너무 커지고 우세해지면 산은 균형을 잃게 된다. 예를 들어 진딧물이 날아들어 식물을 공격해도 그 기세를 막을 수 있는 것이 아무것도 없는 상태처럼 말이다.

양이 절정에 달했을 때 양은 음의 씨앗을 품고 있다. 양의 정점에서 음의 지배가 시작된다. 이것이 자연의 순리다. 진딧물에 공격당하던 식물 근처에 곧이어 진딧물을 잡아먹는 곤충들이 대거 출현하고, 주변에 있던 다른 무당벌레들과 포식자들도 진딧물을 먹어치우기 위해 몰려든다. 그렇게 음과 양의 균형이 깨지고 음의 기세가 우세해진다. 너무 많은 무당벌레가 진딧물을 없애버려 포식자들이 생존할 수 없을 때, 음은 양이 그랬던 것과 비슷한 방식으로 양에게 자리를 내어준다. 그에 따라 많은 무당벌레가 죽고 나면, 나중에 혹은 다음 계절에 새로운 해충 떼가 출현하더라도 음양의 순환 주기가 빠르게 다시 시작되므로 문제는 영원히 지속되지 않는다. 그렇게 식물이 번식할 수 있는 훌륭한 조건이 조성된다.

우리는 해류를 따르지 않고 거슬러 헤엄치거나 특정한 순간에 계속 머무르려 하기에 고통스럽다. 이것이 세상이 어떤 주기로 어떻게 변화하며 균형을 맞추는지에 관심이 많았던 동양의 철학과 종교 사상의 근간이다. 힌두교와 불교는 자연의 힘을 수용하고 순리대로 사는 대신 자연의 섭리를 거스르려 할 때 '고통'을 느끼게 된다고 설명한다. 도교의 핵심 이론도 '순리'로 요약할 수 있다. 도교 신자들은 자연과 세심한 조화를 이루며 도(道),

즉 '길'에 따라 산다. 자연에 최소한으로 개입하고 그저 길이 주어지는 대로 따라야 하며, 만족을 얻기 위해서는 그 길을 진정으로 깨달아야 한다.

도는 우주의 흐름으로, 본질상 역동적인 만물의 근원이자 끝이다. 힌두교에서는 이러한 궁극의 실재를 '브라만'이라고 부르고 불교에서는 궁극의 본성 혹은 만물의 본질을 '타타타'라고 한다. 간소한 삶을 사는 게 자연에 더 가깝고 도에 더 걸맞는다는 뜻이다. 자연에서 패턴과 변화를 인식할 수 있으므로, 행동을 그에 어울리게 바꿔 도와 하나가 될 수 있다.

도교 신자들은 심지어 도를 정의하는 일에도 조심스럽다. 도가 말로 표현될 수 없으므로 누군가에게 말로 설명할 수 없기 때문이다. 생각해 보면 인간의 인식이란 매우 제한적이다. 인간은 경험한 현실을 추상화하여 개념이나 말로 표현하고, 그것을 글로 적은 후 타인이 재해석하는 과정을 거치는데, 이 해석의 과정에서 너무 많은 것이 사라진다. 노자는 무언가에 대해 말하는 순간 핵심을 놓친다고 했다. 그렇기에 생각하거나 말하지 않고 그저 자연을 주시하고 관찰할 때 깨닫는 것들을 중요하게 생각했다. 정원사들은 도교 사상에 무척 동감할 것이다. 습기를 충분히 머금은 흙의 향기를 맡고, 생명력을 가득 품은 씨앗을 정성껏 심고, 흩날리는 줄기들을 힘 있게 묶어주면서 느낀 자연과의 교감 혹은 자연 속에서 느끼는 조화를 말로 표현하기란 어렵다. 그저 행하고 이해하는 게 번드르르한 말을 늘어놓는 것보다 낫다.

급진적인 경험론에 가까운 도가와 선불교에서는 직접 경험한 것 외에 어떤 것도 믿거나 생각하지 말라고, 그저 느끼고 이해하라고 가르친다. 인도 불교와 중국 유교와 도교가 결합한 선불교의 가르침에 따르면, 마음을 다스리고 궁극의 진리를 알기 위해 정원을 돌보는 것과 같은 일상 속의 의식이 많은 도움을 준다. 정원에 완성된 모습이 없는 것처럼 궁극의 진리 또한 완결되는 일도, 특정한 목적지에 다다르는 일도 없으며, 오직 끊임없는 변화만 있다.

이 세상은 모두 서로 연결되어 있으며 그 나름의 균형을 맞추며 유지된다. 그래서 반복되는 현상을 관찰하면 세상의 이치를 알 수 있다. 이번 여름은 지난여름과 또 내년 여름과 다를 것이다. 식물들의 생명 주기의 단계마다 날씨도, 문제도, 식물도 다를 것이다. 경험하는 여름마다 우리는 여름의 실재가 어떤 모습인지 조금씩 더 알게 된다. 만물은 서로 연결되어 있다. 변화가 계속되는 과정에서 우리는 끊임없이 배워야 한다.

절대로 바뀌지 않는 '완성된' 정원을 상상하기는 어렵다. 생명이 있는 곳은 언제나 변화한다. 우주의 순리를 거스를 수 없는 것처럼, 누구도 그 명백한 변화에 저항할 수 없다. 그 과정을 겸허히 받아들이는 자만이 내면의 평화와 만족감을 얻을 수 있을 것이다.

고생은 발전의 밑거름이 된다

- 잡초

습한 여름, 뽑아도 뽑아도 줄지 않는 잡초 앞
에서 망연자실하고 있는 나를 본 어느 훌륭한 정
원사가 오래도록 내려오는 조언이라며 내게 이렇
게 말했다.

"화단을 싹 쓸어버리고 새로 시작해 봐요."

충격적이었다. 그 조언은 내가 정원을 돌볼 때
추구하는 방식과 정반대였다. 나는 그의 조언을
한 귀로 흘리며 무성히 자라난 잡초를 뽑는 일에

몰두했다. 그리고 내 손길을 기다리는 비트에게 '이것만 마치면 다음은 네 차례야'라고 약속했다. 그러면 비트는 잡초가 한없이 자라나도 인내심 있게 참고 기다려야 했다.

그 옆에 산미나리도 나의 도움이 절실히 필요해 보였다. 하지만 심은 지 얼마 안 돼 잡초가 거의 없는 산미나리보다는 이미 무성히 자란 비트의 잡초를 제거하는 게 정당하고 합리적인 일 처리 순서였다. 문제는 부쩍 자란 잡초를 뽑는 데 걸리는 시간이었다. 드디어 산미나리의 잡초를 제거할 수 있게 되었을 때, 잡초의 키는 초고속 잡초 제거용 괭이보다 더 길게 자라나 있었으며 막 싹이 튼 어린 잡초들까지 마구 뒤섞여 있었다. 호미로 막을 것을 가래로 막는다는 속담이 있듯이, 제때 괭이질을 했다면 한 시간으로 곱절의 노동을 피할 수 있었을 것이며 무릎, 팔목의 관절과 더불어 삶의 의지까지도 꺾이는 일은 없었을 것이다….

　장기적으로 보면 먼저 산미나리 화단의 잡초를 모조리 제거한 후에 비트 화단으로 넘어가는 것이 시간을 절약해 더 많은 일을 할 수 있는 방법이었다. 때로는 잡초를 제거하느라 그 시간에 보살필 수 있는 다른 식물을 뒷전에 두느니, 화단 하나를 통째로 포기하고 잡초에게 넘겨버리는 게 현명한 선택일 때도 있다. 정원에서 '실용적인 공정성'을 행하는 법을 깨우치기란 꽤 어렵다.

　처리해야 할 여러 일들이 쌓여 있을 때 우리는 발생한 순서대로 일을 처리할 수도 있고, 가장 효율적인 방법을 찾을 수도 있으며 아예 하나에만 집중할 수도 있다. 과연 무엇이 가장 옳은 방법일까? 18세기 말에 공정성의 문제를 탐구하던 제러미 벤담은 철학과 윤리학에서도 과학·수학 분야처럼 수치화가 가능하다고 생각했다. 그래서 '공정'이라는 추상적인 가치를 수치화하여 측정하기 시작했다. 그가 행복을 측정하려 한 이유는 간단하다. 그의 생각에는 최대 다수의 최대 행복, 즉 가장 많은 사람에게 이로움을 주는 것이 '옳은 일'이었기 때문이다.

벤담은 공정한 정도를 계산하기 위해 행복에는 헤돈(hedon)이라는 쾌락의 단위를, 고통에는 도울러(dolor)라는 비탄의 단위를 도입했다. 그의 이론에 따라 일정 부분 수학적인 방법론을 적용하면 어떤 선택이 도덕적으로 최선인지 알 수 있을까? 어떤 행동이 가장 많은 쾌락을 주고, 어떤 행동이 가장 적은 비탄을 주는지 말이다.

아마도 벤담의 이 생각은 공정성을 너무도 단순하고 명료하게 이해한 것일지도 모른다. 예를 들어 투표를 통해 의사결정을 하는 민주주의에서는 인구의 100퍼센트가 특정 1인 혹은 하나의 정책이나 정당을 지지하는 것은 불가능하다. 대부분 '가장 많은 수'가 원하는 것을 얻는다. 그리고 이 방법은 소수가 승자에게 심하게 반대하거나 결과에 불만이 있다고 해도 결과에 만족하는 다수를 따르는 것이 가장 공정한 선택이라는 사회적 합의를 바탕으로 한다.

그런데 투표에 좋고(혜돈) 나쁨(도울러)이라는 의미를 부여한다면 어떨까? 투표가 주관적인 영역이 되어버려 결과 자체가 모호해질 수 있다. 어느 정당이 승리하길 원하는 정도를 누가, 어떻게 계량화할 수 있겠는가? 게다가 그 수치를 모든 사람이 동일하게 느끼지도 않을 것이다. 예컨대 누군가는 어떤 정당이 이기든 혜돈이나 도울러에 큰 변화가 없을 수도 있고, 누군가는 자신이 지지하는 정당이 승리했을 때 느끼는 행복감이 투표에 참여한 다른 모든 사람이 느끼는 쾌락보다 더 클 수도 있다. 이렇듯 '다수가 행복한 결말'을 찾다 보면 꽤 모호한 상황이 펼쳐진다. 누가 행복의 가치를 부여하는가? 스스로 판단하는가, 아니면 어떤 권위자에게 맡기는가? 권위자의 판단은 무조건 정확한가? 이에 대한 질문은 꼬리에 꼬리를 물고 이어질 수 있다.

존 스튜어트 밀은 벤담의 공리주의 사상을 한층 발전시켜 나갔다. 그는 벤담이 놓친 부분이 있다며, 행복의 '양'을 측정하는 쾌락의 구체적 단위에서 벗어나 '질'까지 고려해야 한다고 했다. '좋음' 속에 존재하는 '더 좋은 것'과 '덜 좋은 것'의 차이를 구분한 것이다. 그는 지적 쾌락이 단순한 육체적 쾌락보다 우월하다고 생각했다. 쾌락이 선사하는 즉각적인 효과뿐 아니라 미래에 발생할 행동의 결과까지 고려한다면 결과가 달라질 수 있다고 본 것이다. 가령 마지막으로 남은 콩 한 줌이 있다고 해보자. 지금 당장 콩을 먹어서 육체적 쾌락을 채울 수도 있지만, 그렇게 하면 내년에 심을 씨앗이 없어진다. 그러니 콩을 저장했다가 밭에 심어 미래에 더 많은 콩을 수확한다면 지금 콩을 먹어 얻는 행복보다 더 큰 행복을 얻을 수 있다.

이와 같은 공리주의의 논리 안에서 어떤 행동의 가치는 그것이 가져올 '결과'에 의해 좌우된다. 이 결과주의는 사람의 품성에 따라 그 행동의 가치가 결정된다고 보는 '덕' 윤리학과 대조된다. 덕 윤리학의 대표적 인물인 소크라테스라면 그 한 줌의 콩을 먹을 수도 있고, 먹지 않을 수도 있다고 말할 것이다. 며칠 식사를 하지 못해 굶주리는 사람을 먹이기 위해 콩을 줄 수도 있다. 물론 다음해를 위해 콩을 남겨둘 수도 있다. 그것은 모든 상황을 고려할 줄 아는 한 사람의 품성에 따라 결정될 일이다.

　18세기 독일 철학자 이마누엘 칸트가 이끈 '의무론적 윤리학'은 이와 또 다르다. 의무론적 윤리학은 가치가 행동 자체에 내재되어 있어, 어떤 형태의 의무나 '올바른' 의도에 기초한다고 본다. 즉 옳은 이유에서 한 행동이라면 그 결과가 나쁘거나 원치 않은 결과 혹은 불행으로 이어진다 해도 좋은 행동이다. 물론 이 생각에도 한계는 있다. 결과가 타인에게 피해를 줄 경우 과연 어떤 이유가 옳았으며 의무에 따른 것인지, 그리고 이를 누가 판단할지 꼭 집어 말하기 어렵다.

　이렇게 비교해 보니 명확하다. 무엇이 다수의 행복인지를 따지는 공리주의는 결국 무엇을 희생할 것인지를 따지는 이론이다. 어떤 행동으로 죄 없는 희생양이 고통받더라도 다수에게 기쁨을 준다면 그 행동은 옳고 선한 것이다. 더 많은 사람이 결과에 만족하는 한 특정 개인이 어떤 불행을 겪는지, 그 고통이 얼마나 부당한지는 중요하지 않다. 이런 종류의 결과주의는 우리가 선택하고 행동하는 윤리적이고 합리적인 이유를 설명하지 못한다. 사람들이 어떻게 선택하고 행위하는지를 설명하는 것에 불과할 뿐이다.

현실 세계에서는 특정 행동의 결과를 정확하게 예측하기란 매우 어렵다. 때로는 무언가가 선을 위한 것이고 악을 위한 것인지를 파악하기가 불가능하다. 자신의 목표를 이루기 위해 할 수 있는 노력을 다 했어도 결과가 좋지 않았던 기억은 누구에게나 있다. 정말 잘 해내고 싶었던 일, 좋은 관계로 지내고 싶었던 사람들, 꼭 이루고 싶은 목표. 우리 인생은 어떻게 해도 안 되는 일들로 가득하다. 무엇이 행복이고 무엇이 고통인지, 이를 누가 정의하는지 묻는 것은 불가능하다.

잘 키우려면 무진장 애를 써야 하는 꽃과 나무를 구하기 위해 오랜 시간을 공들이는 게 정말 가치가 있을까? 동일한 시간을 투여하면 더 많은 다른 식물들을 보살피고, 더 풍성하게 키워낼 수 있는데 말이다. 하지만 손을 유난히 타는 식물과 나무가 미래에 필요할지, 다른 식물들보다 장기적으로 더 유용하거나 더 큰 기쁨을 줄지 어떻게 알 수 있을까? 우리는 끝끝내 알 수 없다. 오직 시간 여행자와 전지전능한 존재만이 해답을 알 것이다.

　'해를 끼치지 않는다'는 말은 의사들의 선언문인 히포크라테스 선서에 등장하는 말이다. 타인에게 영향을 주지 않는 선에서 원하는 대로 하라는 우리 사회의 자유주의적 관점도 이와 유사하다고 할 수 있다. 우리는 지난 몇 년간 팬데믹을 경험하며 모두의 안전을 위해 도시가 봉쇄되기도 하는 상황에 직면했다. 이 과정에서 '우리의 일상적인

행동이 어떻게 타인의 권리를 침해하는지', '개인
의 자유와 구성원들의 책임 사이에서 어떻게 균형
을 잡을 것인지'를 결정하기 어려운 딜레마에 맞
닥뜨렸다.

개인의 자유와 국가의 권한 사이에서 무엇이
더 중요한지를 결정하는 문제에서 토머스 홉스,
존 로크, 장 자크 루소와 같은 정치 이론가들은 시
민들이 지켜야 할 가상 혹은 실제의 사회계약을
상상했다. 이들의 사회계약론을 기준으로 '문명사
회'와 '자연 국가' 혹은 '무정부' 상태로 구분한다.

사회를 이루며 함께 살아가기 위해 인간은 공
동으로 지켜야 할 중요한 사항들에 암묵적으로 동
의하고, 그 대가로 함께 만든 규칙을 따르기로 약
속한다. 다른 모든 사람도 그렇게 할 거라는 믿음
위에 이를 통제할 권리를 중앙정부에 넘긴다. 이
로써 사회는 개인들의 협력 속에서 평화를 누리게

되는 것이다. 그런데 그런 권력을 쥔 국가가 사회를 보호하거나 평등을 보장하기로 한 약속을 지키지 않을 경우 반란은 정당화된다.

인간이 평화롭고 독자적인 삶을 살던 본래의 자연 상태로 돌아가는 것이 가장 최상의 상태라고 보았던 루소는 이렇게 설명한다. "인간은 자유롭게 태어났지만 어디서나 사슬에 매여 있다." 현실적으로 자연 상태로 돌아갈 수 없기 때문에 구성한 사회계약인 만큼, 모두가 자유를 갖도록 보장하는 것이 정부의 역할이다.

현대에 와서 사회계약 개념은 국가가 최소한의 역할만 해야 하느냐, 아니면 국민의 생애를 모두 책임지는 거대 복지 국가가 되어야 하느냐는 대립하는 두 가지 주장으로 발전했다. 당신은 삶에서 국가가 얼마나 큰 역할을 하길 원하는가? 생명·자유·재산에 대한 권리를 침해하지 않는다면 불공정해도 무엇이든 받아들여야 할까? 어떤 경우든 나에게 이익이 되는 방식으로 행동하면 되는 걸까? 아니면 자신의 경제적 상황에 어떤 결정이 유리한지 불리한지를 모르는 '무지의 베일'을 쓴 것처럼 행동하고, 부의 재분배와 기회의 균등을 보장하도록 촉구해야 할까?

공리주의의 논리에서는 희생을 강요당하거나 거의 없는 존재로 치부되던 사람들이 어떤 형태의 사회에서는 국가 혹은 중앙정부의 보살핌을 받는다. 나처럼 텃밭에 평등주의를 실현하려는 정원사의 눈에는 이 방식이 더 매력적으로 보일 수 있다. 연약한 식물이 서리를 이겨내려면 인간의 도움이 필요하다는 점, 그리고 태풍 같은 극단적인 날씨를 겪고 나면 평소 혼자 힘으로 잘 살던 식물들마저 피해를 입어 다시 기력을 회복하기까지 도움이 필요하다는 점을 알고 있기 때문이다.

그렇다고 해서 정원사들이 식물에 내재되어 있는 고유한 힘을 중요하게 생각하지 않는다는 말은 아니다. 온몸이 퇴비로 엉망일 때라면 사회에서 요구하는 예절과 격식을 뒷전으로 미루는 사람들이 정원사니 말이다. 적나라한 대지 위에서는 인간의 기준으로 중요하다고 여겨지는 많은 규율들이 보잘것없는 것들이 되어버린다. 이때에는 정원사가 마치 미국의 에세이 작가이자 시인, 철학자인 랠프 월도 에머슨이 된 것만 같다. 에머슨은 '당신의 인생은 당신이 하루종일 무슨 생각을 하는지에 달려 있다'고 말하며 인간이 내면에 무엇과도 바꿀 수 없는 신성한 가치를 품고 있다고 보았다. 그의 주장은 '초월주의 철학'이라는 말로 설명되곤 하는데, 여기에는 사회나 종교의 기대에 순응하지 말고 자기 자신의 생각을 따라야 한다고 강조한 에머슨의 생각이 담겨 있다. 외부의 고난

이 닥쳐도 나만의 것을 잃지 않으면 고생은 발전의 밑거름이 된다. 어디를 가든, 무엇을 하든 우리의 연구 대상은 바로 자기 자신이어야 한다.

정원사가 자기만의 방식을 고수해야 할 때가 있다. 예컨대 씨앗을 저장할 때, 도구들의 용도를 바꿔 재사용할 때, 나만의 퇴비를 만들 때를 떠올려보자. 자연을 가장 잘 보존하려는 태도에서든 혹은 옆집 정원사에게 신세를 지는 일 없이 씨앗과 퇴비를 구하기 어려워졌을 때를 대비하기 위한 실용적인 이유에서든, 정원사들은 남에게 기대지 않고 독자적으로 행동하려는 강한 의지가 있다.

오늘날 우리는 주문한 상품이 원하는 시간에 원하는 장소로 도착하고 세계 어느 곳에서건 음성과 화면으로 소통할 수 있는 촘촘히 연결된 사회에서 살고 있다. 물론 팬데믹의 영향을 받은 최근 몇 년간은 그 연결이 얼마나 쉽게 무너질 수 있는지를 경험하기도 했다.

혼자서 잘 해내는 것에 대해 말하자면, 나는 신경 쓰지 않아도 알아서 잘 자라는 것처럼 보이는 식물을 가장 좋아한다. 하지만 그건 거창한 윤리적 관점과 관련이 있다기보다는 내가 정원을 가꾸는 역량이 부족하기 때문일 것이다. 그러니 무능한 지도자로 인해 무고한 희생자가 발생하고 고통받는 소수가 선명하게 보이는 이 세상에서 그들이 혼자서도 잘 해내야 한다고 말하는 건 자유를 보장하는 게 아니라 그저 무책임한 게 아닐까?

텃밭에 다시 잡초가 자란다. 나는 부지런히 움직이련다. 소중한 식물들이 너무 고통받지 않도록, 화단을 싹 쓸어버리는 일이 발생하지 않도록 말이다.

평범한 일상에 균열 내기

- 두꺼비

작은 연못과 울타리에서 멀지 않은 곳에 비닐하우스가 있다. 비닐하우스의 한쪽 구석에는 오래되고 금이 간 테라코타 화분이 엎어져 있는데, 따가운 햇볕을 싫어하는 양서류들을 위한 어두운 안식처가 되길 바라며 그 화분을 일부러 그곳에 그대로 놔두었다. 민달팽이, 달팽이와 끝없는 전쟁을 치르면서 양서류들이 내 편에 서서 그 녀석들을 먹어치워 주기를 기대한다. 비닐하우스를 지나칠 때면 늘 화분을 살짝 들춰 개구리나 두꺼비 한두 마리가 있는지 확인하고 싶다는 생각이 든다. 유혹을 이기지 못하고 화분을 들춰볼 때마다 거의 매번 텅빈 곳을 바라보며 실망하지만 말이다. 화분 안을 확인하기 전까지는 두꺼비가 그곳에 있을 가능성과 없을 가능성이 공존한다. 둘 중 하나는 곧 거짓

으로 밝혀지겠지만, 내 머릿속에서는 두 가지 가능성이 동시에 존재하는 것이다.

직접 눈으로 보기 전까지는 어느 쪽이 틀렸는지 알 수 없다. 그러므로 내 입장에서는 화분 밑에 두꺼비가 존재하면서, 동시에 존재하지 않는다. 두꺼비가 존재하면서도 존재하지 않는 상태. 이를 생각하면 '슈뢰딩거의 고양이'라는 유명한 물리학의 역설과 함께 양자의 세계가 얼마나 이상한지가 떠오른다. 그의 이름을 딴 유명한 사고실험에서 이론물리학자 에르빈 슈뢰딩거는 상자 속 고양이 비유를 통해 양자 상태의 모호성을 세상에 알렸다.

이 실험에는 원자와 고양이 한 마리가 등장한다. 원자가 '입자'라면 기계장치가 움직이지 않지만, 원자가 '파동'이라면 기계장치가 움직여 독약이 든 병을 깨고 고양이는 숨을 거둔다. 슈뢰딩거의 이 실험은 관찰(측정)하기 전까지 원자가 입자인지 파동인지 결정되지 않고 여러 가능성이 공존하는 '중첩' 상태에 있다고 주장한 물리학자 닐스 보어와 막스 보른의 해석을 부정하기 위해 슈뢰딩거가 고안한 것이었다.

파동과 입자는 서로 완전히 상반된 상태다. 그럼에도 보어와 보른은 입자가 두 상태로 공존한다고 보았다. 원자가 파동이라면 에너지는 연속적인 움직임을 가지고 일정한 주기가 있는 진동의 형식으로 전달된다. 반면 원자가 입자라면 한 개, 두 개로 구분이 가능한 특정한 위치와 공간을 가진다. 그런데 두 사람의 주장대로 상자를 열어서 관측하기 전까지 원자가 입자인지 파동인지 결정되지 않은 중첩상태라면 상자 속 고양이는 산 것도 죽은 것도 아닌 상태가 된다. 하지만 현실 세계에서는 고양이가 죽지도, 살지도 않은 상태일 수는 없지 않은가? 분명 고양이는 살아 있거나 죽은 상태이거나 둘 중 하나이지 이 두 가지가 섞인 상태는 없다.

우리가 상자를 열어보기 전까지 고양이는 독약으로 죽었거나 혹은 죽지 않았을 수 있다. 원자가 입자가 되거나 파동이 될 가능성은 동일하며, 우리는 이 상황이 발생할지 발생하지 않을지 정확하게 예측할 수 없다. 보어와 보른이 원자가 입자도, 파동도 아니라고 주장한 근거는 무엇일까? 이를 알기 위해선 수많은 과학자와 철학자가 빛이 무엇으로 이루어졌는지에 대해 연구했던 17세기부터 살펴봐야 한다.

고전역학과 만유인력의 기본 바탕을 세운 물리학자 아이작 뉴턴은 17세기에 빛이 각기 다른 성질의 수많은 알갱이, 즉 입자로 구성되어 있다고 주장했다. 그런데 1801년에 토머스 영이 빛의 알갱이를 아주 좁고 긴 두 개의 직사각형 구멍(이 중슬릿)으로 통과시킨 뒤 스크린에 부딪히게 하여 그 입자가 어떤 분포를 보이는지 확인해 보니, 파동의 움직임을 보이고 있다는 걸 발견했다.

빛이 입자라면, 구멍 중 한 곳을 통과해 지나가서 구멍이 난 두 곳 뒤에만 빛의 알갱이가 두 줄로 모여 있어야 한다. 하지만 빛의 알갱이는 구멍이 뚫리지 않은 부분에까지 도달하여 두 줄 이상의 간섭무늬가 발생했다. 그 움직임은 입자가 파동처럼 출렁였다는 걸 의미했다. 양손에 무거운 돌을 쥐고 동시에 물에 떨어뜨리면 동심원이 퍼져 나가는데, 어떤 부분은 더 높은 물의 출렁임이 생기고 어떤 부분은 움직임이 상쇄돼 출렁임이 사라진다. 빛의 알갱이도 스크린에 부딪힌 구간과 움직임이 상쇄돼 거의 부딪히지 않은 구간이 반복되어 여러 줄의 간섭무늬가 생긴 것이다.

입자인지 파동인지 애매한 빛의 알갱이보다 크기가 훨씬 커서 입자임이 분명해 보이는 전자를 이중슬릿에 보내도 결과는 마찬가지였다. 간섭무늬가 나타난 것이다. 그런데 도대체 어느 시점에 전자가 파동이 되는지 '관측'하려 하자, 이중슬릿을 통과한 전자는 원래의 예측대로 입자처럼 두 줄로 나타났다. 즉 관찰하거나 측정하면 입자가 하나의 특정한 경로로 갔거나 하나의 특정한 위치에 있기로 결정한 듯 움직인 것이다.

관측하기 전까지는 어떤 상태인지 정의할 수 없다가, 관측을 하니 우리가 알고 있는 입자라는 결과가 나오자 과학계는 발칵 뒤집혔다. 과학의 논리로는 이 상태를 설명할 수 없었기 때문이다. 이를 두고 보어와 보른은 관측하기 전까지 원자가 입자인지 파동인지 알 수 없다는 새로운 체계를 세우고자 했고, 아인슈타인은 "신은 주사위 놀음을 하지 않는다"며 이 실험 결과를 끝까지 받아들이지 않았다.

양자와 같은 미시세계는 기존의 물리학으로 설명이 불가능하다. 아주 작은 양자의 위치와 운동량을 정확하게 알기 어렵기 때문이다. 이것이 하이젠베르크의 불확정성 원리다. 양자의 움직임을 정확히 알려고 관측하면 빛 입자의 영향으로 운동량이 달라져버린다. 우리는 입자의 위치를 정확히 알수록 그것의 운동량을 알 수 없게 되고, 운동량을 정확히 알수록 입자의 위치를 알 수 없게 된다. 그저 실제 위치가 특정 범위 안에 존재한다고 말할 수 있을 뿐이다.

겉으로 보기에 우리가 살아가는 세상에서는 이러한 이상한 상태는 발생하지 않는 듯 보인다. 더구나 우리는 광자·전자·원자처럼 눈에 보이지 않는 미시세계가 아니라 충분히 눈에 보이는 물리적 환경에 살고 있으므로 이 머리 아픈 양자역학을 대체로 무시해 버리곤 한다. 하지만 양자역학처럼 우리의 삶 또한 아주 작고 미묘한 행동만으로 변화가 일어나기도 한다.

더 이상 쪼갤 수 없는 가장 작은 단위의 세계에서 관측과 같은 상호작용이 원자의 섬세한 중첩 상태를 사라지게 한다는 것을 다시 떠올려 보자. 나는 매번 화분을 열어 두꺼비가 있을지를 기대할 때마다 이 세상의 불확정성을 뒤흔들고 있다는 묘한 즐거움을 느낀다. 삶은 양자역학과 같이 복잡하고 모순적이다. 그러니 이 세계에서 우리는 더욱 몸을 움직여 매 순간 세계를 관찰해야 하는 건 아닐까? 우리가 존재나 상황을 발견하는 것만으로도 이 세상에는 균열이 생긴다.

관찰이란 결국 상호작용이다. 우리는 다른 사

람들과의 상호작용을 통해 성장하고 배우며, 우리 주변의 환경과 상호작용하여 삶을 균형 있게 유지한다. 객관적인 물질세계를 오감으로 인식하는 일은 세상의 모습을 결정하는 일이다. 그러니 타인에게 좋은 영향력을 주고, 선하고 긍정적인 결과를 얻기 위해 우리가 무엇을 더 할 수 있는지를 아주 섬세하게 고민하고 행동해야 한다. 이 모든 것을 받아들이고 경험하는 과정에서 우리는 삶의 의미를 발견하고 성장할 수 있을 것이다.

우리의 삶이 불확정성으로 가득하다는 건 정말 멋진 일이다. 양자역학에서 불확정성 원리는 우리가 미래를 완전히 통제하거나 예측할 수 없다는 의미다. 우리의 미래 또한 아무것도 결정된 것이 없고 상황도 끊임없이 변하여 예기치 못한 일이 발생하기도 한다. 이는 무한한 가능성을 의미한다. 그러니 '어차피 안 된다'고 생각하며 미리 결론을 내리지 말고 우리의 인생을 끊임없이 즐겁게 탐구해 보자. 세상이 결정한, 이미 증명된 답에 갇히지 않을 때 우리는 삶이 선사하는 다양한 가능성과 선택지를 발견할 수 있을 것이다.

더 선명하게 세상을 바라보는 법

셰익스피어의 비극 중 가장 유명하며 많은 사람들의 사랑을 받은 작품은 『햄릿』이다. 이 비극에 등장하는 비운의 여인 오필리아는 자신이 가장 사랑했던 연인이 자신의 아버지를 죽였다는 사실을 알게 되고 그 충격에 연못에 빠져 스스로 생을 마감한다. 죽기 전 꽃을 들고 궁정에 나타난 그는 그의 오빠에게 로즈메리를 건네며 이렇게 말한다.

"로즈메리의 꽃말은 '기억', 제발 나를 잊지 말아주세요."

로즈메리는 신선하고 강렬한, 독특한 향을 내어 한번 맡으면 잘 잊히지 않는다. 그런데 로즈메리가 샐비어, 즉 깨꽃의 한 종류라는 것을 아는 사람은 많지 않을 것이다.

2011년 식물학자들은 DNA를 기준으로 꽃식물을 분류하는 새로운 체계를 만들었다. 이 방법은 보이는 모습에 따라 식물을 구분해 온 기존의 '형태학'보다 더 객관적인 분류 근거가 되었다. 그리고 유전자 연구 결과 몇 가지 놀랄 만한 일이 발생했다. 지금까지 겉으로 보기에 서로 연관이 있다고 생각했던 식물들 중 일부가 사실 유전적으로 크게 달랐고, 상호 연관이 없다고 생각했던 식물들 사이에 깊은 유전적 관계가 있었던 것이다.

관찰에 기반한 분류법은 '식물학의 왕자'로 알려진 칼 린네의 이름을 따 200년 동안 널리 사용되었다. 린네식 분류법은 현대 식물 분류법의 바탕을 이룬다. 그 분류법에서는 계층 구조를 사용하여 이름을 정하는데, 생물을 역·계·문·강·목·과·속·종으로 분류해 설명한다. 이렇게 분류된 집합은 최근 DNA 혁명이 발생하기 전인 지난 200년간 상당히 변화했다.

계층 구조를 도입하고 생물을 구분하는 기본 틀을 제공한 린네를 비롯해 많은 분류학자들은 아리스토텔레스의 관찰에 근거한 분류법과 그의 제자이자 '식물학의 아버지'라 불리는 테오프라스토스의 연구를 토대로 발전해 왔다. 테오프라스토스는 생식 유형·위치·크기·용처에 따라 식물들을 분류했다. 아리스토텔레스와 마찬가지로 그는 유사하거나 다른 특성을 설명하기 위해 식물들을 구별

했고, 그에 관한 모든 정보를 수집했다. 현대 과학과 새로운 분류법도 마찬가지로 식물의 특성을 파악하는 것이 목적이다.

DNA에 맞게 식물을 재분류하면서 식물의 이름이 바뀌기도 했다. 식물들의 라틴 이름 끝에 붙는 아케아이(aceae)는 로자케아이(Rosaceae, 장미과)처럼 식물이 속한 '과'를 보여준다. 최근 변경된 분류 방식에서는 모든 식물이 아케아이로 끝나는 과에 속하게끔 하는 규칙을 강화했다. 기존 과들의 어미(語尾)를 아케아이로 통일한 것이다. 이를테면 국화과는 기존에 '콤포지태'라고 불렸으나 이제 '아스테라케아이'라고 불리며, 배추과는 '크루시퍼래'에서 '브라시카케아이'로, 꿀풀과는 '라비아태'에서 '라미아케아이'로, 미나리과는 '움벨리페라'에서 '아피아케아이'로 바뀌었다. 반대로 규모가 컸던 백합과는 '연영초과', '비짜루과', '부추

아과'로 작게 세분화되었고 이제 백합과에는 정말 백합과 가까운 동족들만 남았다.

식물의 이름은 대개 이명법을 사용한다. 사람도 성과 이름으로 하나의 이름이 구성되듯이, 각각의 식물도 속명(genus)과 종명(species)을 나란히 써서 이름을 붙이는 것이다. 가령 라티루스 오도라투스는 아름다운 향을 내는 스위트피의 학명인데 이를 보고 스위트피가 라티두스, 즉 연리초속에 속한다는 세밀한 정보를 바로 얻을 수 있다. 또한 식물에 자연스럽게 발생한 변종이 있는 경우 그 정체성을 드러내기 위해 'var' 혹은 따옴표로 변종에 관한 정보를 제공한다. 스위트피의 변종 미드나잇을 표기한다면 라티루스 오도라투스 '미드나잇'이라 쓴다.

"장미를 다른 어떤 이름으로 불러도 여전히

향기롭다." 셰익스피어의 비극『로미오와 줄리엣』
의 이 유명한 대사에 대체로 동의할 것이다. 그렇
다면 꽃의 이름과 정의는 쓸모없거나 불필요한 것
일까? 정확한 것은 둘째 치고, 식물의 라틴어 학
명과 새로운 분류법을 아는 것이 평범한 정원사에
게 어떤 도움을 줄까? 그냥 잘 알려진 이름을 사
용하면 안 되나? 누군가는 보통명(普通名)으로도
충분할 때 굳이 학명을 사용하는 건 단순한 잘난
척이라고 생각할지도 모른다. 하지만 정원 가꾸기
에서는 집요하게 정확성을 추구하는 태도가 중요
하다.

어떤 식물들은 보통명이 아예 없어서 학명으
로만 구분이 되기 때문에 선택의 여지가 없을 때
도 있다. 그런데 전 세계적으로 여러 식물이 하나
의 보통명을 공유할 때는 문제가 발생한다. 예컨
대 누군가 '스타플라워'를 말할 때, 유럽에서는 지

치과에 속한 보리지를 뜻하겠지만 오스트레일리아라면 초롱꽃과의 별꽃도라지를, 남아프리카라면 아욱과에 속한 수련목을, 서남 잉글랜드에서는 아스파라거스과에 속한 프로이센 아스파라거스를 의미한다. 반대로 하나의 식물에 여러 보통명이 있는 경우도 있다. 아스파라거스는 프로이센 아스파라거스, 바스 아스파라거스, 베들레헴의 피레네 스타, 베들레헴의 스파이크 스타 등 보통명을 여럿 가지고 있다. 어디서나 사용되는 라틴어 학명은 이러한 혼란을 없애는 한편 어떤 식물이 정확히 무엇인지 파악할 수 있게 하기에 꼭 필요하다.

언어는 인간인 우리의 소통을 가능하게 하는 근본적인 체계다. 이 세상에 언어가 없다고 하더라도 우리가 로즈메리라고 말하는 대상은 이 세상에 있을 것이다. 하지만 그것은 로즈메리가 아니다. 다른 풀들과 구별할 수 있는 언어가 없기 때문이다. 언어가 없다면 그것을 다른 들풀과 구별하기가 불가능하기 때문에 '로즈메리'로 존재하지 못한다. 아주 작고 단순한 존재조차 우리는 언어를 통해서만 파악하고 이해할 수 있다.

공자는 대상을 올바른 이름으로 부르는 것에서 지혜가 시작한다고 했다. 그리고 소크라테스는 토론과 경험을 통해 정확한 정의에 도달할 수 있다고 보았다. 토론과 논쟁은 다양한 관점을 동원하여 논리적인 주장을 펼친 뒤 진리에 도달하는 과정이다. 토론 끝에 어떤 의견은 버려질 수 있고, 여러 의견이 합쳐질 수도 있다. 타협점에 도달할 수도 있고, 협의에 도달하지 못하고 토론에 그치기도 한다. 중요한 것은 정확성과 명료성을 얻기 위해 정의내리는 과정이며, 그래야만 진리에 도달할 수 있다는 사실이다. 명확히 정의를 내리지 않는다면 대화는 하고자 하는 말의 주변을 빙빙 맴

돌 뿐이다.

정확한 기준을 세우고 이에 따라 세상을 보다 명확하고 분명하게 분류하려는 노력은 18세기에 폭발적으로 이뤄졌다. 특히 칸트는 정확한 정의를 내려서 세상의 진실을 알아가는 방법에 두 가지가 있다고 설명한다. 바로 '분석 문장'과 '종합 문장'이다.

먼저 분석 문장은 본질적으로 같은 말을 반복하는 서술의 중첩으로 이뤄진다. '양배추는 배추과 식물이다'처럼 주어 안에 술어의 의미가 반복되는 구조를 갖는다. 양배추가 배추과에 속한다는 사실이 '양배추' 정의의 일부이므로, 이 문장이 진실이라고 말하기 위해서는 문장 구성 요소들의 의미만 알아도 충분하다. 굳이 세상에 나가 배추과 식물들을 직접 경험하지 않아도 된다. 정의만 알면 그만이다. 하지만 분석 문장은 세상에 관한 새롭고 의미 있는 정보를 주지 않는다. 이 문장은 우리가 이미 알고 있는 내용이 반복되는 것에 불과하다.

반대로 종합 문장은 우리의 경험과 감각을 통해 얻은 정보를 바탕으로 한다. 종합적 문장이 진실인지 아닌지의 여부는 그 의미가 세상과 어떻게 연결되어 있는지에 달려 있다. '모든 장미는 꽃잎이 있다'라는 문장이 필연적으로 진실인 것은 아니다. 꽃잎은 장미를 정의하는 일부 요소일 뿐이다. 아직 발견되지 않은 품종 중 어떤 장미에는 꽃잎이 없을 수 있다. 설령 지금까지 모든 장미가 꽃잎이 있다는 것을 경험적으로 알고 있을지라도 말이다.

'모든 장미에는 꽃잎이 있다'는 문장이 과학적 진술이 되려면, 이 세상에 꽃잎이 없는 장미가 없다는 실제적인 증거가 뒷받침되어야 할 것이다. 과연 우리는 '모든 장미에는 꽃잎이 있다'라는 문장이 사실인지 아닌지 전부 확인할 수 있을까? 모두 확인할 수 없기 때문에 우리는 우리가 틀릴 수 있다는 생각을 전제로 한 채 이 문장을 가설로 삼는다.

이 접근법은 근본적으로 설명되거나 정의되지 않은 전제 위에서 논리를 쌓아간다는 문제점이 있다. 그렇다면 우리는 애초에 무엇을 진실로, 혹은 의미 있는 것으로 당연히 받아들일 수 있을까? 요컨대 더 이상의 추가적 정의가 필요하지 않은 언어의 최소 단위만이 진실인 걸까?

다양한 분류법들은 각기 다른 정보를 준다. 예를 들어 식용식물의 종류를 알고자 할 때는 현대의 DNA 분류법보다 관찰에 근거한 테오프라스토스의 분류법이 더 유용하다. 완두콩은 맛있지만 가까운 동족인 스위트피는 독성이 있어서 먹지 않는다. 이는 관찰이라는 경험으로 얻을 수 있는 정보다. 고대의 분류법은 이를 훌륭하게 구분해 낸다. 또한 보통명은 라틴어 학명에는 함축되어 있지 않은 식물의 모습과 위치, 문화적 중요성과 역사에 관한 다양한 정보를 알려줄 때도 있다. 달맞이꽃은 '왕의 만병통치약' 혹은 '열병 식물'이라고도 불렸다. 만병통치약과 열병을 다스리는 식물이라는 이름에서 추측할 수 있듯이, 달맞이꽃은 수세기 동안 씨앗에서 추출한 기름을 약으로 사용하기 위해 재배되었으며 지금까지도 그 효능은 연구 대상이다.

다양한 명명법과 분류법을 모두 아는 것은 여러 언어를 사용하여 세상을 이해하는 것과 비슷한 일인 것 같다. 외국어를 자국어로 번역하는 과정에서 외국어의 특정한 의미가 사라지듯, 한 가지 분류법을 택하고 나머지는 무시하면 다채로운 보통명과 역사적 용례를 정원에서 경험할 수 없게 된다. 여러 언어를 안다는 건 그만큼 이해하고 경험하는 폭이 넓어진다는 의미다.

이제 삼색제비꽃을 심을 때다. 흔히 팬지라 불리는 이 꽃의 학명은 비올라 트리컬러이며 꽃잎의 특이한 줄무늬 때문에 고양이수염꽃이라고도 부른다. 그런데 나는 이렇게 설명하는 게 가장 좋다. 오빠에게 로즈메리를 건넨 오필리아가 아련한 생각에 잠겨 말했듯이 "이것은 팬지, 나를 생각해 달라는 의미"라고 말이다.

무엇이든 받아들이는 태도가
새싹을 틔운다

- 씨앗

뜨거운 여름날, 내가 가꾸는 정원의 식물은 시들한데 이웃집 정원은 과수로 가득하고 꽃과 나무가 놀라울 정도로 무성하게 자라고 있다면? 은근히 짜증이 날 것이다. 내 정원의 해바라기는 겨우 엉덩이 높이만큼 닿는데, 이웃의 해바라기는 쑥쑥 자라 울타리를 넘길 정도로 길게 뻗었다면 그 비결이 무엇일지 궁금해진다. 햇볕을 받는 위치도 비슷하고 날씨 조건과 토양도 크게 다르지 않을 테니, 이웃이 물과 양분을 더 잘 주었다는 뜻일까? 심을 때 거름이나 퇴비를 나보다 더 많이 주었나? 받침대를 잘 받쳐주었나? 혹시 민달팽이를 모조리 잡은 것일까? 아니면 애초에 이웃의 종자가 더 건강하고 튼튼한 것이었을까?

식물에게 발생한 문제나 결함을 진단할 때, 고려해야 할 변수가 너무도 많아 우리는 씨앗이나 묘목의 유전적인 측면을 놓치고 만다. 정원사들은

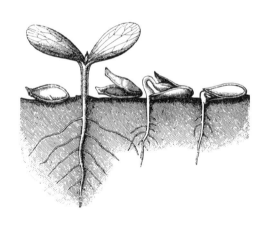

대체로 잘 돌보지 못한 자신을 탓할지언정 씨앗을 탓하지 않기 때문이다. 솜씨 없는 목수가 연장 탓을 하기 마련이니까.

잘 성장하려면 선천적으로 타고나야 하는 걸까? 아니면 환경이 중요한 걸까? '본성이냐 양육이냐'는 19세기와 20세기를 뜨겁게 달군 논쟁거리였다. 찰스 다윈의 말도 많고 탈도 많았던 사촌 프랜시스 골턴 경은 '본성 대 양육'이라는 표현을 만든 인물로, 사회적 다원주의와 우생학(eugenics)을 지지했다. 우생학은 '좋은 혈통' 혹은 '잘 태어났다'라는 의미를 나타내는 그리스어 에우게네스(eugenes)에서 온 이름이다. 우생학에서는 인간을 가축이나 식물과 유사한 방식으로 키워 바람직한 형질은 더 키우고 바람직하지 않은 특징은 없애야 한다고 주장하는데, 신빙성이 다소 떨어지는 이론으로 평가받는다. 게다가 지난 150년간의 갈등과 반목이 보여준 것처럼, 과연 무엇이 '바람직'한지를 누가 결정할 수 있을까? 바로 이 지점이 우생학 사상이 가진 가장 두드러진 윤리적 문제다.

한편 골턴의 '본성 대 양육'이라는 용어는 역사적으로 서로 대립하던 사상들과 논쟁을 하나로 정리하는 역할을 한다. 플라톤은 유기체의 구조와 기능은 타고난다고 보았지만 아리스토텔레스는 유기체가 길러지는 것, 즉 양육 방식이나 주변 환경에 영향을 받아 형성되는 것으로 이해했다. 대부분의 정원사는 두 그리스 철학자 사이에서 중재자 노릇을 하며 둘 다 중요하다고 이야기할 것이다. 대회에 나가 상을 탈 정도로 우수한 작약도 방치되어 좋지 못한 환경에서 자라거나 새로운 종류의 진딧물에 공격당하거나 질병을 앓으면 잘 자랄 수 없고, 마찬가지로 평범한 종류의 작약도 최적의 성장기를 맞아 세심하게 관리를 받으면 탁월한 아름다움을 뽐낼 수 있다.

　인간의 생물학과 행동학의 관점에서 보자면 본성 대 양육 논쟁은 먼 옛날의 유물이 되어버린 지 오래다. 21세기가 시작된 이래 과학자들은 본성과 양육 둘 다 유기체의 발달에 매우 중요하다는 데 동의한다. 이러한 타협적 관점이 최근 수년간 한층 더 뿌리내렸고 과학적 근거로 뒷받침되었다. 폭넓은 유전학 연구를 통해 어떤 부분에서 본성(유전형질)과 양육(습득형질) 간 차이가 이전에 생각했던 것보다 더 정의하기 어렵다는 걸 확인했기 때문이다. 유전형질의 정보만으로 우리가 할 수 있는 일은 그렇게 많지 않다. 그보다는 유전자가 언제 어디서 얼마나 발현되어 어떻게 작용하는지를 아는 것이 더욱 중요해졌다.

　유전학 등장 이후 눈부시게 성장한 분야가 후

성유전학이다. 후성유전학은 DNA 코드를 바꾸는 대신 유전자 발현을 조절하여 생명현상에 어떤 영향을 미치는지를 연구한다. 후성유전학을 통해 발견한 놀라운 사실 중 하나는, 몇몇 환경 요인과 변수가 특정 유전자의 스위치를 켜거나 활성화하기도 하고 특정 유전자를 저지하기도 한다는 점이다. 이것은 진화론의 초기 이론과 상당히 다르다. 과거에는 습득형질이 어떻게든 미래 세대에게 전달된다고 설명했다. 하지만 이것은 사실일 수가 없다. 내가 하프를 켜는 법을 배운다 해도 내 자손이 자동으로 하프 연주하는 법을 알 수는 없으며, 그가 하프를 켜기 위해서는 스스로 기술이나 형질을 습득해야 하기 때문이다.

후성유전학은 우리의 정원에서 매일 관찰할 수 있다. 씨앗 주변의 흙·퇴비의 온도 변화·습도·낮의 길이와 같은 환경 요인은 발아와 성장을 저지하는 유전자의 스위치를 *끄거나* 비활성화할 수 있다. 그 덕분에 흙이 따뜻해지고 낮이 길어지는 봄에 씨앗이 발아하게 된다. 밀을 따뜻한 온실에서 계속 키우면 아예 꽃이 피지 않고 밀알도 얻을 수 없다. 세찬 바람을 견디는 과정을 거쳐야만 밀의 개화 억제 스위치가 완전히 꺼져 씨앗이 싹을 틔울 수 있는 상태로 변하기 때문이다. 이런 성질을 이용하여 인위적으로 온도에 변화를 주고 개화와 수확 시기를 조절하기도 하는데, 이를 '춘화처리'라고 한다. 그런데 인간이 개화 시기를 인위적으로 조절한 식물의 유전자에는 억제된 개화 유전자가 남아 있을 때도 있다. 그러니 재배 중인 샐러드 잎이 너무 일찍 웃자라 먹을 게 별로 없다면, 다음번 파종에는 성장을 저지하는 유전자가 남아 있을지 모르는 그 씨앗 말고 새로운 씨앗을 구하는 게 더 좋은 방법일 수 있다.

만약 그 씨앗을 파종해야 한다면, 유전자를 초기화하는 것도 가능할까? 생물학계에서 '본성이냐 양육이냐'의 논쟁은 '본성이자 양육이다'로 해결책을 찾았지만, 사람의 마음이나 학습법을 연구하는 이론에서는 아직도 이 논쟁이 지속된다. 이를테면 사람의 성질과 능력은 태어나면서부터 갖춰져 있고 이미 내재되어 있다는 천부설(天賦說)은 모든 것은 경험을 통해 형성된다고 주장하는 경험론과 대치된다.

경험론은 인간이 태어날 때 백지상태에서 출발한다고 주장한다. 백지상태란 무엇일까? 추운 겨울 휴식기에 들어간 정원을 백지상태로 볼 수 있을까? 만일 어떠한 잡초의 씨앗이나 생명체가 없는 살균된 표토를 깔고, 방수포나 뿌리덮개로 식물을 심을 준비가 될 때까지 정원을 덮어둔다면 백지상태로 만들 수 있을까? 그렇다고 해도 주변에서 미생물들과 다른 생명체들이 끊임없이 침입할 것이고, 정원의 흙 속에 숨어 있는 고유한 요인을 모두 제거하는 것은 현실적으로 불가능할 것이다. 한두 계절 동안 뿌리덮개로 덮어두기만 한 구획에는 기회만 생긴다면 신나게 싹을 틔울 씨앗들이 잠자고 있다. 어떤 잡초의 씨앗들은 130년이 지난 후에 발아하기도 한다. 그곳에 있는 온갖 생명체들은 물론이고 토양의 구성과 종류, 산성과 알칼리성의 정도를 나타내는 pH 값, 유기물질과 영양분의 구성이 장차 식물이 성장하는 데 영향을 줄 것이다. 그러니 땅을 말하면서 진정한 백지상태를 상상하기는 어렵다. 하지만 인간의 마음도 그럴까?

13세기 철학자이자 신학자인 토마스 아퀴나스는 인간의 마음이 백지상태에서 시작된다고 본 아리스토텔레스의 의견에 동의했다. 아퀴나스 이전에도 동서양의 많은 작가와 사상가, 철학자가 이 생각을 발전시켰다. 다만 아퀴나스는 이 경험론을 기독교 사상과 처음으로 연관시켰다. 그 전까지 종교 사상가들은 인간의 마음이나 영혼은 출생하기 전 육신에 도달하여 이미 경험하기 전부터 어떤 형태로 '이데아'의 개념이 존재하고 있다는 플라톤의 본성론적 생각을 따르는 경향이 있었다. 이와 다르게 아퀴나스는 백지상태로 태어난 인간이 경험을 통해 백지에 새겨진 정보를 이해하고 해석하는 능력을 믿었다. 즉 신과 같은 더 높은 힘이 이러한 정보를 제공한다고 보았다.

존 로크는 인간의 마음이 백지와 같다는 이론을 한 단계 발전시켰다. 로크는 단순한 생각을 토대로 복잡한 생각이 그 위에 쌓인다고 주장했다. 우리 마음에 무언가를 남기는 건 우리 자신이며, 우리는 인간을 뛰어넘는 더 높은 힘에 의존하지 않고 자유롭다고 보았다. 지크문트 프로이트도 경험론자에 가깝다. 인간의 정신은 백지상태로 태어나지만 어린 시절의 통제할 수 없는 양육 환경이 성격 특질을 결정한다고 생각했다. 묘목들은 살균된 퇴비에서 똑같이 성장을 시작하지만 처한 환경에 따라 성장의 결과가 다르다. 한쪽 묘목에는 물과 영양분을 충분히 주고, 다른 쪽 묘목에는 물과 영양분을 충분히 주지 않으면 성장하는 과정에서 이질적인 특성을 보인다.

20세기 심리철학은 다시 플라톤과 의견을 같이하는 사상가들이 주도했다. 특히 인간의 언어 습득 과정을 연구한 분야에서 제리 포더와 노엄 촘스키는 마음에 타고난 구조와 내용이 있다는 주장을 옹호했다. 아이들의 뇌는 백지가 아니고 타고난 '언어 습득 장치'가 있어서 우리가 듣는 언어 속 문장의 원리와 구조를 빨리 습득할 수 있다고 본 것이다.

아이들의 언어 습득 과정은 새로 일군 땅에서 식물이 잘 자라는 것과 같은 이치다. 무엇이든 키워낼 준비가 된 토양은 식물을 알아보고 지원을 아끼지 않아 식물이 잘 자란다. 마찬가지로 우리 안에도 마음의 정원을 잘 가꿀 수 있는 방법이 이미 새겨져 있는지도 모른다. 우리에게 필요한 것은 무엇이든 받아들일 준비가 된, 열린 마음과 태도다. 이웃집 정원의 해바라기처럼 생명력 넘치는 꽃과 작물을 키우고 싶다면, 그 해바라기를 길러낸 이웃에게 한 발짝 다가가기만 하면 된다. 옆 사람의 장점이 너무나도 멋져서 그와 같은 능력을 갖추고 싶다면 자신의 부족한 부분을 보며 한숨 짓는 대신 그 사람에게 한 발짝 다가가기만 하면 된다. 아마도 따뜻한 차 한 잔과 비스킷 한 조각이 이 기술의 스위치를 켜는 비법이 아닐까?

3장

가을
인생의 결실을 맛보다

인생의 의미는
스스로 만들어가는 것이다

- 토마토

정원이나 텃밭을 가꾸기 시작하면, 누구나 완벽한 식물을 키우고 싶어진다. 유명한 채소 대회에 나가 다른 사람과 경쟁하거나 누군가에게 보여주려는 게 아니더라도 우리는 흠집 없는 아름다운 채소, 위풍당당하고 생기 넘치는 나무, 꽃잎의 개수가 정확하고 빛깔이 고운 꽃, 최고의 풍미와 식감을 가진 과실을 바란다. 그렇다면 모두가 생각하는 완벽한 토마토란 어떤 모습일까?

이를 알기 위해서는 어떤 특징이 토마토를 토마토답게 만드는지 먼저 생각해 봐야 한다. '토마토'라는 단어를 말하지 않고 토마토의 몇 가지 특징만을 나열해서 설명하는 상황을 상상하면 쉽다. 토마토의 기본적인 특징은 지름 5센티미터의 둥글고, 매끈하고, 붉고, 맛있는 열매라 할 수 있다. 하지만 노란빛과 검푸른 빛, 보랏빛, 핑크빛과 녹색에 줄무늬가 있는 토마토는 어떻게 평가할까? 울퉁불퉁 찌그러지고 특이하게 생긴 커다란 토마토는? 옆의 토마토와 붙어 자라서 꼭지가 두 개가 붙어 있다면? 이 특징이 토마토의 모든 종류를 포괄할 수 있을까? 방울토마토와 칵테일토마토는? 완전히 익었을 때조차 붉은색이 고르게 나지 않는 길쭉한 대추토마토는?

정원사들은 크기나 모양이나 종류에 상관없이 어떤 토마토든 알아본다. 직접 먹어보거나 가

까이서 본다면 정확도는 확실하다. 하지만 베테랑 정원사라 할지라도 다양한 종류의 토마토를 모두 포괄할 수 있는 토마토만의 본질을 정확하게 묘사하기 어렵다. 더욱이 사과나 빨간 당구공처럼, 비슷한 듯 보이지만 토마토가 아닌 것들과 비교하지 않고 설명하기란 여간 까다로운 게 아니다.

토마토의 다양한 사례와 종류를 '토마토 그룹'에 포함할 수 있는가, 포함할 수 없는가 하는 의문처럼 세상의 만물을 기준에 따라 나누고 정리하는 문제는 고대 그리스에서 시작되었다. 가장 유명한 고대 그리스의 철학자 소크라테스는 세상의 모든 토마토를, 적어도 최대한 많은 토마토를 살펴봄으로써 그것들이 공유하는 유사성을 보고 토마토를 정의할 수 있다고 생각했다. 하지만 '많이 보면 직관적으로 알 수 있다'는 소크라테스의 주장에는 한계가 있었다. 우리가 경험한 모든 토마토의 유사성을 정리한다 해도, 토마토의 본질을 정의할 만큼 만족스러운 결론을 도출하기가 어렵기 때문이다. 빨갛다고 하면 검푸른 토마토가 생각나고, 둥글다고 하면 끝이 뾰족한 토마토가 떠오르기 마련이다. 토마토는 색·모양·크기·성장 패턴·이파리 모양·맛이 다 다르다. 무한한 사례를 알고 있다고 해도 무엇이 실제로 토마토를 토마토답게 만드는지 어떻게 단언할 수 있을까?

소크라테스의 제자 플라톤도 이 문제를 해결하려고 노력했다. 플라톤은 토마토의 다양한 사례를 살펴보는 것이 토마토의 본질을 이해하는 올바른 방법은 아니라고 보았다. 플라톤은 다음과 같이 주장했다. '인간이 사는 모호하고 불완전한 세상 너머에 형상(Form) 혹은 이상화된 개념으로 구성된 불변하는 곳이 있다.' 플라톤이 설명하는 불변하는 그곳은 이데아다. '토마토'라는 말을 들었을 때 바로 떠올리게 되는 이미지가 있지 않은가? 그것이 바로 이데아(관념)의 토마토다. 토마토의 본질은 이데아라는 무형의 영역에서 완벽한 모습으로 존재한다.

우리가 현실에서 보는 모든 토마토는 이데아 속 토마토에서 뻗어 나온 수없이 변형된 모습 중 한 가지일 뿐이다. 마치 그림자처럼 말이다. 한낮에는 짧지만 해질녘이 되면 길어지듯 그림자는 빛의 방향이나 각도에 따라 달라진다. 플라톤이 '이데아의 그림자'라고 한 현실의 모습들도 다양한 모습으로 존재한다. 울퉁불퉁하게, 알록달록하게 말이다.

토마토의 형상, 토마토의 본질, 토마토의 이데아는 오직 머릿속의 추론을 통해서만 알 수 있다. 소리·색·풍미·냄새를 각기 다른 방식으로 경험하더라도 무엇이 토마토인지 바로 아는 이유는 우리

가 토마토의 본질을 알고 있기 때문이라고 플라톤은 주장했다. 그렇다면 우리는 그 지식을 언제 알게 되었을까? 플라톤은 우리가 살고 있는 실제 세계에서 완벽한 토마토를 경험한 적 없고 또 경험할 수 없다고 하더라도, 토마토뿐 아니라 세상에 존재하는 모든 모습에 관한 지식을 우리가 이미 갖고 태어났다고 본다.

플라톤은 인간이 육신과 영혼으로 구성된다고 생각했는데, 영혼이 몸이라는 형체를 가진 인간으로 태어나기 전에 영혼의 세계에서 이데아를 경험한다고 생각했다. 몸이 죽더라도 영혼은 죽지 않고 환생하며 이 때문에 인간은 형상에 관한 지식을 이미 알고 있다고 설명한다. 우리가 현실에서 보는 여러 모습들은 가변적이고 불완전하기에 플라톤은 합리적 사고를 통해 이데아 속 본질에 접근해야 한다고 생각했다. 이러한 플라톤의 생각에 따르면 인간의 감각으로는 본질을 알 수 없으며 본질에 접근하는 데 불완전한 인식만을 줄 뿐이다.

내 생각엔 유명한 그리스 철학자들 가운데 플라톤의 제자 아리스토텔레스가 정원사의 생각법과 가장 가까운 것 같다. 이데아를 말하던 플라톤보다 현실적인 조언을 해준다. 의사의 아들이었던 그는 다양한 종류의 동식물이나 유기체를 직접 살펴보고 연구할 기회가 많았다. 아리스토텔레스는 방대한 연구를 기반으로, 무엇이 토마토를 토마토답게 만드는지에 관해 플라톤과 반대되는 견해를 펼쳤다. 아리스토텔레스는 플라톤의 형상론에 이런 의문을 제기했다. 플라톤이 말하는 '이상적 형상'을 어떻게 알 수 있을까? 내 손에 쥔 토마토가 이데아의 비물질적이고, 영원하며, 변하지 않는 토마토의 형상과 어떤 관련이 있을까? 과연 그 사례를 우리가 안다고 할 수 있을까?

아리스토텔레스는 인간이 태어나기 전부터 완전한 형상에 관한 타고난 지식을 알고 있는 게 아니라, 오직 현실에서 토마토를 '경험'하며 무엇이 토마토인지 알게 된다고 했다. 살면서 접하는 온갖 경험을 통해 우리는 토마토라고 불리는 많은 사례와 마주친다. 다양한 사례를 접하고 이를 나누고 분류하면서 우리는 토마토에 대한 이상적이고 변치 않는 형상을 참조하지 않고도 과연 무엇이 토마토를 구성하는지 우리만의 그림을 그릴 수 있게 된다.

현실 세계의 초라한 토마토는 이 세상의 불완전한 언어로는 차마 설명할 수 없는 이상적이고 완벽한 토마토와 너무도 다르므로, 둘 사이에 공통점은 없어 보인다. 살아 있는 세계와 이데아를 연관 지어 설명하려고 할 때 다양한 사례와 정의 사이에 간극을 발견할 뿐이다. 이렇게 차이가 큰데 과연 이데아의 토마토와 현실의 토마토가 동일하다고 할 수 있을까? 현실에는 토마토라고 부르기 어려운 토마토만 더 늘어나 있을 수도 있다. 게다가 이데아의 토마토는 머릿속에만 존재하는데 내가 생각하는 이상적인 토마토와 이웃이 생각하는 이상적인 토마토가 같은지 다른지 확인할 방법도 없다.

플라톤에 반대하는 아리스토텔레스의 견해는

지식이 관찰과 경험을 통해 얻어진다는 '경험론'과 지식은 타고나며 우리 뇌와 영혼에 내재되어 있다는 '생득설'에 관한 끝없는 논쟁의 실마리가 되었다. 우리는 토마토의 겉모습을 경험할 수 있을 뿐이고, 그 다양한 경험이 쌓여 토마토에 대해 더 잘 알게 된다. 그런데 다른 한편으로는 언제부터인지 알기 어렵지만 토마토라는 본질적인 이미지가 머릿속에 자리 잡고 있다. 내 안에 아무것도 없고 경험을 통해 배우는 것일까? 아니면 태어날 때부터 내재되어 있는 지식이 정말 있는 걸까? 답을 내릴 수 없는 고민이 꼬리에 꼬리를 물고 이어질 때면, 골치 아픈 생각에 에너지를 쏟는 대신 그냥 내 앞에 있는 싱싱한 토마토를 맛있게 한 입 베어물기만 하면 되는 게 아닐까 하는 마음이 든다.

토미토를 자세히 들여디보면 정말 디양한 모

습이다. 붉은 토마토와 검은 토마토처럼 하나의 토마토는 정반대의 특징을 보이며 일관성도 찾기 어렵다. 결론적으로 완벽한 토마토는 붉은색도 검은색도, 그리고 어떤 다른 색도 아닐 것이다. '완벽한', '이상적인'이라는 말에 너무 큰 의미를 부여할 필요는 없다. 그저 우리가 서로 대화할 때 같은 이야기를 하게 하는, 소통을 가능하게 만드는 역할을 할 뿐이다. 상대방이 토마토라고 말할 때 오렌지를 떠올리지 않는 것처럼 말이다.

20세기 언어철학자 루트비히 비트겐슈타인은 "언어란 사용에 따라 그 의미가 결정된다"라는 유명한 말을 남겼다. 언어의 의미가 고정되어 있는 게 아니라, 우리가 언어를 사용하면서 의미를 더 풍부하게 부여한다는 뜻이다. 나는 언어에 관한 비트겐슈타인의 통찰이 마음에 든다. '이상적인 토마토'는 모든 토마토에 공통적인 '불변하는 정의'를 뜻하는 게 아니며 반대로 그 의미를 넓힐 수 있다고 하니 말이다. 우리가 토마토라는 개념과 단어를 사용할 때 점점 더 많은 성질과 설명을 부여하게 되면서 토마토의 의미는 더 풍부해진다. 토마토의 사례를 더 많이 알게 될수록 토마토는 더 다양한 의미를 갖고, 토마토라는 단어를 더 효과적으로 사용할 수 있게 되며 우리의 생각과 의도를 잘 표현할 수 있다.

토마토는 예시일 뿐이다. 지금까지의 이야기에 다른 것들을 집어넣어도 마찬가지다. 세상에 존재하지 않는 이상적인 모습을 좇다 보면 현실 속 존재들은 모두 결함이 있는 불완전한 것들이 되어버린다. "이건 진짜 '토마토'가 아니야"라는 말에 토마토 대신 다른 단어를 넣어도 마찬가지다. 꽃, 나무, 어린이, 사랑, 우정…. 본질이라는 건 어쩌면 아예 존재하지 않을 수 있다. 우리가 그 개념을 넓혀가기만 하면 된다.

우리는 완벽한 토마토를 찾을 필요가 없다. 처음부터 완벽한 토마토란 주관적이다. 완벽한 토마토는 정원사가 토마토를 키우는 목적에 따라 달라질 것이다. 아이들이 좋아하는 달콤한 토마토를

원하는가, 아니면 인도 요리에 넣을 새콤한 토마토를 원하는가? 샐러드를 만드는 데 필요한 커다란 토마토를 원하는가, 아니면 간식으로 먹을 작은 토마토를 원하는가? 가장 일찍 딴 것, 가장 둥근 것, 가장 색이 짙고 붉은 것, 가장 특이한 색을 가진 것, 아니면 병충해나 해충을 앓지 않는 가장 튼튼한 토마토를 원하는가? 많은 사람에게 완벽한 토마토란 아마도 그 계절에 가장 먼저 잘 익은 토마토일 것이다. 햇살 좋은 날 싱싱할 때 따 먹는, 집에서 키운 토마토 말이다. 우주에 이보다 더 완벽한 토마토가 있을까?

건강한 의심은
삶을 숙성시킨다

- 미러클베리

탐스러운 열매를 맺은 관목만큼 정원사에게 뿌듯한 기분을 안겨주는 식물은 드물다. 산수유, 남천, 앵두나무, 보리수, 구기자나무, 미러클베리처럼 키가 작고 가지를 많이 내는 나무를 관목이라고 하는데, 이 나무들의 열매는 대부분 작고 통통하다. 오밀조밀 알알이 맺힌 열매는 새콤하고 들척지근하며 때론 떫은맛이 난다.

열대 서아프리카가 원산지인 미러클베리는 다

른 식용 베리들과 달리 당 함유량이 낮은데도 꽤 달콤해서 서아프리카에서는 야자주의 단맛을 내는 데 사용되기도 한다. 그런데 이 열매의 이름에는 '미러클'이라는 명사가 왜 붙었을까? 이 베리를 먹은 다음 신맛이 나는 음식을 먹으면 맛이 달콤해지기 때문이다. 미러클베리가 지닌 특이한 맛의 효과는 열매에 든 글리코프로테인이라는 단백질이 발생시키는 효과다. 이 글리코프로테인이라는 특이한 화학물질은 혀의 신맛 수용기를 막고 혀의 단맛 수용기를 활성화한다. 이 효과는 최대한 시간 정도 계속되며 글리코프로테인이 혀에서 다 사라질 때까지 지속된다.

미러클베리의 단백질이 부리는 이 귀여운 속임수를 보면서 이런 상상을 하게 된다. 지금까지 레몬을 한 번도 먹어본 적 없는 사람이 미러클베리를 먹은 후 레몬을 먹는다면, 그 사람에게 레몬은 신맛일까, 아닐까? 미러클베리를 먹기 전에 레몬을 먹었다면 레몬은 신맛이겠지만, 베리를 먹은 후 레몬을 먹으면 단맛이다. 그 사람은 둘 중 어떤 과일이 그 사람을 속이고 있는지 알 수 있을까? 이뿐만이 아니다. 특별한 상황에 처하지 않은 우리도 '맛'이라는 감각을 정말로 믿을 수 있을까 하는 의심이 생겨난다. 미뢰가 정확한 정보를 제공하는 게 아니라 그저 어떤 맛을 좋아하거나 싫어하도록 우리를 조작하는 것은 아닐까? 만일 미뢰가 이렇게 조작될 수 있다면 다른 감각들도 마찬가지 아닐까? 우리가 보는 것들은 단지 빛의 속임수이고, 우리가 듣는 소리는 실제로 존재하지 않는 건 아닐까?

인간의 감각과 인식이 늘 믿을 만한 건 아니다. 우리는 우리의 감각기관을 통해 사물을 바라볼 때, 상황에 따라 조금씩 다르게 경험한다는 걸 이미 알고 있다. 어떤 사람은 옅은 재스민 향을 맡지 못하기도 한다. 샐비어나 수국이 파란색인지 보라색인지 분홍색인지를 두고 옥신각신하는 사람들도 있다. 앞서 살펴봤듯이 한 사람의 눈에 보기 좋고, 듣기에 아름답고, 맛있는 것이 다른 사람에게는 전혀 다르게 경험될 수 있다. 다양한 문화적·지적·생물학적 요인들도 당연히 영향을 미칠 것이다.

벌을 비롯한 정원의 다양한 곤충들은 인간과는 다른 방식으로 빛과 색을 지각한다. 이런 생각이 들면 인간인 우리가 공통적으로 경험하는 것이 세상의 전부가 아님을 새삼 깨닫게 된다. 곤충들은 자외선 수용기가 있어서 빛의 가시광선과 비가시광선을 모두 감각한다. 덕분에 꽃들의 위치를 파악하고 수분하는 것과 같은 여러 유용한 일을 더 쉽게 해낼 수 있다. 진딧물과 같은 일부 곤충은 자외선 수용기로 자신에게 치명적일 수 있는 해로운 박테리아를 보고 피한다. 만일 우리도 자외선을 볼 수 있고 그 덕분에 정원을 아주 색다르게 경험할 수 있다면, 우리가 가꾸는 정원의 모습은 지금과는 완전히 다를 것이다.

자외선으로 체험한 정원이 진짜 정원일까, 아니면 좁은 가시광선으로 본 '평범한' 정원이 진짜일까? 아마도 우리 대부분은 그 둘을 결합한 것이 진짜라고 답할 것이다. 인간이 경험할 수 있는 영역을 넘어선 정보는 세상을 더 다양한 측면으로 바라보게 도와준다. 다시 말하지만, 인간의 경험으로는 아주 제한된 정보만 알 수 있다. 인간인 우리는 지금도 직접적으로 알 수 없는 풍성한 정보들을 분명 놓치고 있다. 적어도 자외선 고글을 사용하기 전까지는 말이다. 그런데 우리의 감각이 완전히 틀려서, 불완전한 정보가 아니라 아예 잘못된 정보를 우리에게 준다면 어떨까?

근대 철학의 아버지라 불리는 과학자이자 철학자 르네 데카르트는 이 문제를 집요하게 파고들었다. 그는 우리를 속이는 '전지전능한 악마'가 있어서 감각을 통해 들어오는 세상의 모든 정보가 거짓일 수 있다고 의심했다. 데카르트가 말한 전지전능한 악마는 영화 〈매트릭스〉에서처럼 인간을 상대로 거대한 속임수를 부린다. 기계에게 점령당한 영화 속 세상에서 인공지능 컴퓨터는 인간으로부터 에너지를 얻기 위해 프로그램을 이용하는데, 세상 모든 것이 가짜 환영으로 이루어져 있음에도 인간은 그걸 알지 못한다. 사람들은 맛있는 음식을 먹고 있다고 생각하지만, 사실 음식은 세상에서 사라진 지 오래고 기계들이 인간의 뇌를 속여 음식을 먹는다는 착각을 일으킨 것뿐이었다. 이렇듯 인간의 감각을 수용하는 뇌를 속이면 우리는 모든 것을 쉽게 현실로 받아들인다. 우리는 우리가 현실이라 생각하는 이곳이 전지전능한 악마가 만들어낸 가짜 현실이 아니라는 걸 어떻게 확신할 수 있을까?

이런 상상을 극단까지 끌고 간 것이 '통 속의 뇌'라는 사고실험이다. 만약 우리 존재가 뇌를 작동시키는 액체에 담긴 뇌일 뿐이라면 어떨까? 마음껏 뛰놀고 먹고 마시며 살아 있음을 만끽한다고 생각하지만, 사실은 모든 것이 현실이 아니고 컴퓨터가 유발한 전기 자극에 불과하다면? 우리가 어딘가에 담긴 뇌가 아니라는 걸, 모든 경험이 환영이라는 걸 어떻게 알 수 있을까? 데카르트가 말하는 전지전능한 악마 혹은 매트릭스를 조작하는 인공지능 컴퓨터가 존재한다면, 우리가 거짓된 세계에 빠져 있다는 걸 인간의 감각을 통해서는 증

명할 수 없다. 우리가 세상에 대해 수집하는 모든 데이터는 감각을 통해 알게 되는 것들이라 우리는 늘 속임수에 노출되어 있다. 데카르트는 액체에 담긴 뇌와 비슷하게, 우리가 꿈꾸고 있지 않다는 것을 확실히 증명할 수 없으므로 지금 우리가 깨어 있다고 확신할 수 없다는 결론을 내린다.

그렇다면 우리가 진실이라고 할 수 있는 것은 무엇일까? 데카르트는 인간이 경험하는 모든 것을 의심한 끝에 이렇게 말했다. 전지전능한 악마가 아무리 능력이 좋다고 해도, 존재하지 않는데 존재한다고 생각하게 할 수는 없기에 우리가 존재한다는 사실이 증명된다고 말이다. 거기에서 이 유명한 명제, '나는 생각한다. 그러므로 나는 존재한다'라는 명제만이 유일하게 거짓이라 말할 수 없다는 결론을 도출했다. 데카르트에 따르면 인간의 지식은 감각 정보나 경험에 의지하지 않고 합리적 추론 과정을 통해 얻어지는 '선험적 지식'과, 경험을 통해 얻는 '후험적 지식'으로 나눌 수 있다. 그리고 '이해'란 머리 밖의 세상으로부터 경험하며 수집한 증거가 아니라 머릿속의 합리적인 사고를 통해서만 가능하다고 생각했다.

데카르트의 주장은 모든 지식이 경험에서 온다고 주장한 경험주의자 존 로크와 반대된다. 로크는 모든 정보가 경험에서 나오며 그게 전부라고 주장했다. 로크는 데카르트의 악령 혹은 감각에 대한 불신에 이렇게 반박한다. 우리가 꿈을 꿀 때는 실제로 신체적 고통을 느끼지 않는데도 고통의 경험 즉 감각이 우리에게 정확한 정보를 주지 않는가! 이 감각은 진짜다!

마치 코미디의 한 장면처럼 길게 자란 수풀 속에 숨겨진 갈퀴를 밟아 얼굴에 정통으로 맞아본 적이 있거나, 억세고 따가운 쐐기풀에 쏘여본 적

있는 사람이라면 아픈 감각이 진짜라고 증언할 것이다. 실용주의자인 정원사들은 감각이 주는 증거를 믿는 경향이 있으므로 아마도 데카르트와 같은 합리주의자보다는 경험주의자에 동조할 가능성이 크다. 그러면서 마음속에는 늘 의심을 품고 있어서 뉴스의 날씨 예보나 번지르르한 종자 꾸러미 뒷면에 적힌 문구 따위는 있는 그대로 믿지 않는다. 작물을 키우다 보면 처음에 식물이 잘 자라는 것처럼 보여도 우리의 예상을 빗나가 전혀 다른 결과를 낼 때가 종종 있으니 말이다. 정원사들은 회의적인 경험론자가 분명하다.

누구도 의심하거나 반박할 수 없는 객관적 진리라는 건 존재하지 않을지도 모른다. 우리의 감각은 신뢰할 수 없고, 사물이 '실제로 어떤지'가 아니라 '어떻게 보이는지'만 알 수 있다는 회의적인 생각은 종종 우리를 과도하게 무력한 상태로 밀어 넣는다. 하지만 그 사실보다 중요한 것은, 알기 위해 끈질기게 시도하는 행동일 수 있다.

감각은 우리가 가진 유일한 정보 수집 장치다. 그러니 지금 우리가 가진 최선의 정보를 사용하자. 하지만 무언가에, 혹은 모든 것에 우리가 틀릴 수 있음을 항상 기억하자. 가설을 검증할 때 이런 의심은 현대적인 과학적 방법의 뿌리이자 정원사·철학자·과학자를 하나로 연결하는 고리다. 과학자들은 끊임없이 그들의 이론이 틀렸다는 것을 증명하려고 애쓴다. 그게 그들의 역할이다. 모든 의심과 회의를 거쳐 살아남는 이론은 그래서 더 가치 있다.

문득 늘 관심도 못 받고 열악한 환경에 물이 없어도 꿋꿋이 살아남은 오래된 알로에 베라가 떠오른다. 어쨌거나 이 녀석은 아직도 살아 있으니 분명 좋은 식물이다. 미러클베리로 단맛을 낸 야자주라도 한 잔 건네고 싶지만, 녀석을 위한 일은 아닐 것이다. 오늘 저녁 녀석만을 위해 건배해야겠다.

다정함이
삶의 무기가 될 때

- 노랑물봉선화

　　노랑물봉선화는 정말 평범하게 생겼다. 캐나다와 미국에서 처음 자라기 시작한 이 꽃은 습하고 비옥한 토양을 좋아한다. 최대 2미터까지 자라며 대체로 각시붓꽃, 냉이, 물푸레나무 등과 함께 삼림지대나 숲의 바닥에서 볼 수 있는 얼룩덜룩한 하층 식물들과 함께 발견된다. 여름 내내 피는 연노란색 꽃에는 벌이 찾아와 수분한다.

　　평범하기 이를 데 없는 이 꽃을 연구하던 사

람들은 어느 날 놀라운 사실 하나를 발견했다. 익숙하지 않은 식물들 옆에서 자랄 때와 달리 같은 종 옆에 있을 때 햇볕을 더 받으려 하는 습성을 바꿔 경쟁을 덜 하는 모습이 관찰된 것이다. 이 연구 결과는 식물도 다른 식물과 사회적 관계를 맺으며 경쟁과 협력 중 한 가지를 선택할 수 있다는 것을 보여준다.

관찰에 기반을 둔 이 가설을 과학자들은 실증적으로 증명해 냈다. 물봉선화는 가까운 동족들과 함께 있을 때 뿌리나 잎에 물과 영양분을 집중하여 보내지 않았다. 대신 줄기의 길이를 늘이고, 가지를 밖으로 뻗어 같은 높이에 더 많은 잎을 만들었다. 같은 과에 속한 식물들과 나란히 자랄 때 근처 동족들에게 그늘을 드리우지 않고 필요한 햇볕을 확보하는 방법을 찾은 것이었다. 하지만 낯선 식물 곁으로 옮겨 심자 물봉선화는 잎으로 자원을 더 많이 보내 햇볕을 확보하기 위해 경쟁하고 다른 식물의 잎이 번성하는 것을 막았다. 결과적으로 물봉선화 잎은 더 크고 빠르게 자랐다. 이와 같은 경쟁은 이웃한 뿌리식물에서만 관찰되었는데, 이를 통해 과학자들은 식물끼리 소통하고 서로를 인식하는 일이 땅속의 뿌리에서 이뤄진다는 걸 알게 되었다. 우리는 알지 못했지만 식물들은 끊임없이 상호작용하고 있었던 거다.

그 이후에도 식물 간의 의사소통과 협력에 관한 연구는 계속 이어져 식물이 대사 작용 과정에서 내뿜는 물질이 의사소통의 또 다른 방법이라는 것도 밝혀졌다. 대사 작용이란 필요한 물질을 흡수·합성·분해하여 에너지를 얻는 생물의 모든 활동을 일컫는다. 식물이 물과 햇빛을 영양분 삼아 성장하고 번식하는 것, 외부 미생물로부터 자신을 보호하거나 곤충을 유혹하기 위해 향을 분출하는 것 모두 대사 작용에 포함된다.

식물이 공기 중에 방출하는 대사산물이나 화학물질은 식물을 공격하는 해충에게 다양한 영향을 미친다. 어떤 화학물질은 해충이 싫어하는 물질로 이루어져 있어 해충을 쫓아내기도 하고, 페로몬 반응을 방해하여 해충의 활동을 지지하기도 한다. 페로몬 반응을 방해하는 식물은 곤충들의 짝짓기를 가로막고 식물 근처에 알을 낳는 것을 방지하므로 식물을 공격해 위협이 되는 유충이 잘 생기지 않는다. 한편 식물이 초식 곤충에게 공격당하거나 파괴된 후 방출하는 어떤 화학물질은 육식 곤충을 유인해 자신을 먹고 있는 곤충을 잡아가게 한다. 공격당한 식물 근처에 있는 식물들은 이 휘발성 물질에 반응하여 초식 곤충이 먹으면 소화장애를 일으킬 수 있는 소화 억제 물질을 생성하여 공격에 미리 대비하기도 한다.

죽어가거나 상처 입은 식물이 화학물질을 내뿜는다고 해서 다시 살아나거나 완벽하게 회복하지는 못할 것이다. 오히려 이런 화합물을 만드는 데 에너지를 사용하면 생명이 단축될 수 있다. 내가 죽는다면 이웃이 목숨을 구하든 말든 분명 별 의미가 없을 것 같은데 식물들은 왜 이런 행동을 하는 걸까?

진화론과 적자생존론이 발전한 후, 많은 과학자는 모든 생명체가 끊임없는 경쟁 상태에 있으며 한 종의 구성원은 자손을 최대한 번성시키기 위해 힘과 세력을 키우려고 끊임없이 애쓴다고 생각했다. 하지만 동종의 구성원들, 혹은 아예 다른 종과 경쟁하기보다 협력하는 게 더 이로울 때도 있다. 아니면 싸워서 쟁취하려는 자원의 혜택이 경쟁하다가 부상당할 때 치러야 할 대가에 비해 상대적으로 적다면, 아예 경쟁을 피하는 게 최선일 때도 있다. 모든 상호작용과 회피에는 일정 수준의 비용이 발생한다. 협력이나 경쟁으로 얻는 이점 사이에서 균형을 잘 잡는 유기체가 '가장 잘 적응하는' 전략을 습득해 제일 크게 번성하게 된다.

진화생물학자들은 이러한 상호작용의 결과를 게임이론 속에서 연구했다. 게임이론에서는 특정한 상황을 제시하고, 참여자들이 그 상황을 해결하기 위해 합리적이고 전략적으로 상호작용했을 때 어떤 결과가 나오는지를 수학적 모델로 밝혀낸다. 이를 통해 그 상황에서 가장 우수한 전략이 무엇인지 알 수 있다. 진화론을 게임이론에 적용했을 때, 승리란 하나의 유기체가 적응하고 번식하여 자신의 전략을 자손에게 전할 만큼 충분히 오래 생존할 가능성을 의미한다. 따라서 게임에서 이기는 것은 유전자를 후손에게 전할 가능성이 더 커진다는 뜻이다. 만일 유기체가 자신에게 큰 손

해를 끼치는 행동을 한다면, 그로 인해 생존할 가
능성이 적어질 수 있으므로 그 행동 전략은 최선
이 아니게 된다.

　게임이론의 관점에서 매는 이기적이며 조금이
라도 자신에게 이로운 점이 있다면 독식하려 하고
늘 싸울 준비가 된 생명체다. 이와 반대로 비둘기
는 협력을 추구하고 부당하게 이용당하더라도 보
복하지 않으며 항상 후퇴한다. 이 성향을 반영하

여 결과를 살펴보면 두 마리 매가 만나 싸울 때엔 승자와 패자가 나뉘며 승자는 혜택을 누리고 패자는 손해를 본다. 반면 두 마리 비둘기가 만나면 어느 쪽도 손해를 보지 않는다.

만일 매가 비둘기를 만나면, 매가 이기고 비둘기는 지거나 후퇴한다. 비둘기로만 구성된 집단은 꽤 평화롭고 공평성을 유지하겠지만, 이 집단에 매가 들어오면 싸움에서 이겨 자원을 쟁취해 비둘기들보다 번성하며 더 많은 후손을 낳을 것이고 종국에는 공격적 전략이 집단을 지배하게 될 것이다. 역시 생존과 번성에 있어 이기심은 불가피한 것일까?

영국의 진화생물학자 리처드 도킨스는 개별 유전자의 관점에서 진화를 바라봐야 한다고 했다. 유기체는 유전자를 널리 확산시키기 위해 사용되는 매개체에 불과하며, 시간이 지나면서 점점 복잡해지고 효율적으로 유전자를 전할 수 있게끔 진화해 간다. 이 논리를 인간 세계에 대입해 생각해 보자. 도킨스의 이론에 따르면 중요한 건 인간이 아닌 유전자이다. 그래서 한 인간을 희생시키는 것이 같은 유전자를 공유하는 더 많은 수의 가족 구성원을 보호하는 방법이라면, 이기적인 유전자는 기꺼이 인간을 희생시킬 것이다. 그렇게 유전자의 이기적인 행동은 이타적인 행동이 되기도 하는 역설적인 상황이 발생한다.

군집하여 생활하는 꿀벌이 좋은 예다. 벌집에 함께 사는 꿀벌은 같은 유전자를 지닌 동족들을 보호하기 위해 자신을 희생하는 영웅적인 행동을 한다. 벌집은 여왕벌과 수천 마리의 수컷, 수만 마리의 암컷 일벌로 구성된다. 여왕이 낳은 알 중에서 수정되지 않은 알들은 부화하여 수컷이 되고, 수정된 알들은 일벌이 되거나 필요한 경우 새 여왕으로 부화한다. 일벌들은 유충을 보살피고, 벌집을 청소하고, 군집을 보호하고, 꿀과 꽃가루를 찾아다니고 이를 저장하는 역할을 나누어 수행한다. 꿀벌은 꼬리에 달린 침을 쏘면 죽지만, 위협을 인식하면 동족을 지키기 위해 벌침을 쏴 공격한다. 벌은 다른 종의 침입이나 도난으로부터 벌집 전체를 보호하고 더 큰 선(善)을 위해 일하도록 진화되었기 때문이다. 벌집에 함께 사는 벌들은 일벌의 형제자매나 의붓 형제자매, 혹은 이모나 고모다. 일벌 한 마리의 희생은 남은 가족들의 안전과 번성을 위한 행동이다.

이기적인 유전자는 같은 종뿐 아니라 다른 종을 위해 이타적인 행동을 하도록 발현되기도 한다. 예를 들어 가위개미는 가위개미 유충에 영양분을 공급하는 곰팡이를 살뜰하게 보살핀다. 곰팡이에게 먹이도 주고, 곰팡이를 괴롭히는 기생충을 쫓는 항생물질을 분비하기까지 한다.

아마도 이기심은 우리가 의존하는 종에게 필수적인 것이 아니거나 다른 종류의 이기심으로 발현되는 것일지 모른다. 도킨스는 이기적인 유전자가 결국 이타적 행동으로 발현되는 것처럼, 이성적인 사고방식을 가르쳐서 혼자만의 이기심을 채우려 하는 본능을 극복해야 한다고 보았다. 모두에게 좋은 게 결국 나에게도 좋기 때문이다.

이기적인 유전자가 자발적으로 이타성을 지향하는지를 밝혀낸 또 다른 사례가 있다. 미국의 사회이론가이자 정치과학자인 로버트 액설로드는 '죄수의 딜레마'라는 게임을 통해 이를 증명했다. 앞서 얘기한 매와 비둘기 게임에서는 비둘기 두 마리가 만났을 때 무득점하는 것에 그친다. 그런네 액설로드가 고안한 게임에서는 협력직 행동이 무승부를 넘어 서로에게 더 이로운 상황을 만들어 간다.

죄수의 딜레마 상황을 살펴보자. 두 명의 범죄자가 경찰에게 잡혀서 각각 신문받고 있다. 만약 범죄를 공모했음을 자백하면 고백한 사람은 무죄로 풀려나지만, 파트너는 혹독한 처벌을 받게 된다. 둘 다 범죄 공모 사실을 시인하면 둘 다 중간 정도의 처벌을 받는다. 둘 다 입을 다물면 둘 다 가벼운 처벌을 받는다. 이러한 선택지 앞에서 고민하는 상황이 바로 죄수의 딜레마다. 액설로드는 이 선택지들을 다음과 같이 수치화했다. 한 명은 자백하는데 다른 한 명이 입을 다물면 각각 5점과 0점을 받는다. 둘 다 서로를 배신하고 자백하면 각각 1점씩 받는다. 둘 다 입을 다물고 서로 암묵적으로 협력하면 둘 다 3점을 받는다.

겉보기에는 한 명이 배신하여 자백하면 가장

높은 점수를 받으므로 그렇게 하는 게 합리적으로 보인다. 하지만 파트너가 같은 선택을 해 둘 다 배신한다면 고작 1점씩만을 받는다. 당신은 파트너에게 협력하는데 상대는 배신하여 자백하면 당신은 0점을 받게 된다. 따라서 비록 1점이라도 0점보다 낫기 때문에 당신은 배신을 선택할 수밖에 없다. 소통할 수 없어 상대가 무엇을 할지 확실하지 않은 게 '죄수의 딜레마'의 핵심이다. 양측 모두 협력을 약속하고 각각 3점씩 받을 수 있을 때조차 막판에 배신하여 5점을 받고 싶다는 유혹이 강력하게 작용한다.

배신이 합리적인 선택처럼 보이는데 어떻게 협력이라는 이타적인 행동이 나오는 걸까? 액셀로드는 죄수의 딜레마가 무수히 많이 반복되는 상황을 가정했다. 일부러 라운드의 횟수를 정하지 않았다. 이는 초기에 협력했든 배신했든 그와 상관없이 막판에는 배신에 대한 응징을 두려워하지 않게 되어, 라운드 횟수를 알고 있으면 마지막 라운드에서 배신하는 게 합리적이라고 생각하게 되기 때문이다. 상대 선수가 마지막 라운드에 분명히 배신할 거라는 걸 안다면 그 전 라운드에서 먼저 배신하는 게 점수를 높이는 방법이다. 이런 식으로 계속 계산하다 보면 결국 모두가 가장 처음부터 배신하게 된다. 따라서 라운드의 횟수를 알려주지 않는 게 이 게임의 핵심이다. 그리고 이렇게 가정하면 우리가 적을 언제 다시 만날지 모른다는 점에서 실제 세계와 더욱 비슷한 상황이 된다. 주말 농장을 가꾸는 사람이 언젠가 옆 텃밭 주인의 도움이 필요할 수도 있기에 그에게 빌린 도구를 잘 관리하여 돌려주고, 언제 옆자리 동료의 도움이 필요할지 모르니 사소한 부탁일지라도 나서서 도와주는 것처럼 말이다.

액설로드가 컴퓨터를 통해 죄수의 딜레마 상황에서 다양한 전략을 시뮬레이션해 본 결과 이 게임의 우승 비법은 아주 단순한 전략인 팃포탯(Tit For Tat)이었다. 팃포탯은 1라운드에서 협력한 후 상대 선수가 앞선 라운드에서 한 결정을 모방하는, 즉 '받은 대로 갚아주는 전략'이다. 그중에서도 최고의 성과 전략은 배신하지 않고 협력을 모색하는 것에 있었다. 한 번의 상호작용에서는 상대방과 다른 전략을 취한 사람이 득점을 더 올릴 수 있겠지만, 평균적으로는 배신하지 않는 행동이 더 많이 득점하거나 동점을 받았다. 액설로드는 팃포탯전략이 강력하다는 것 외에 다른 여러 사실들도 밝혀냈다. 가장 중요한 원칙은 처음에 배신해선 안 된다는 거다. 의심스러워도 그냥 믿고 넘겨야 협력할 수 있다. 또 다른 승리의 원칙으로 승자는 배신과 협력에 똑같이 응수했다. 상대방의 속임수에 속지도 않았고 협력을 통해 득점할 기회를 놓치지도 않았다. 마지막으로, 너무 머리를 굴리지 말아야 한다. 단순하게 생각하고 타인이 자신의 전략을 해석할 수 있도록 분명하게 드러내야 한다.

액설로드는 상호작용을 인식하고 기억하는 것이 오래된 협력자와 배신자를 파악하는 데 중요하며, 인간 또한 오랜 시간을 거쳐 얼굴 인식에 도움이 되는 뇌의 특정 부위가 진화했다는 사실을 발견했다. 정원에서 오스트레일리아의 굴뚝새가 다른 종에 속한 새들을 하나하나 인식하고, 먹이를 찾는 지역을 최대한 넓히며, 침입자로부터 그곳을 보호하기 위해 협력하는 것처럼 말이다. 굴뚝새 종은 이론상 서식지와 식량을 노리는 경쟁자가 되어야 하지만, 시간이 지나며 협력하는 게 이롭다는 사실을 알게 되어 이기적인 개체들보다 월등한 생존자가 되었다.

　아울러 액설로드는 팃포탯과 같은 '우호적' 전략을 무슨 일이 있어도 모두가 배신하는 기존의 프로그램이나 매의 생존 체제에 도입하면 살아남지 못하지만, 이 전략이 '다수'의 프로그램이나 유기체에 도입되면 잠재적으로 협력적인 전략 간에 상호작용의 가능성이 있어서 배신 전략보다 잘 통한다는 사실을 발견했다. 시간이 지나면서 우호적 전략이 더 많은 점수를 받고, 더 많이 도입되고, 성공 확률이 더 높아지면 지배적인 전략이 되는 것이다. 단순한 원리가 우리에게 가르쳐준 결론은 상당히 고무적이다. 아무도 협력하지 않으려고 하는 이 세상에서도 기꺼이 협력을 주고받으려고 행동하면 협력은 시작된다.

　정원을 가꾸고 보살필 때 우리는 항상 미심쩍이도 자연을 믿고 최선의 결과를 바라면서 산다.

실수로 묘목을 망가뜨린 새는 용서하지만, 끊임없이 공격하는 민달팽이는 가차 없이 응징한다. 균형 잡힌 생태계에서는 모두가 승자이며 모두 혜택을 누린다. 이타적인 전략이 우세할 수밖에 없는 불가피성을 기억하자. 미래를 바라보는 전략이 우리를 지금까지 발전하게 만들었다. 우리가 협력의 이점을 미리 상상한다면 협력은 더 빨리 실현될 것이다.

위기를 돌파하는
유연함의 힘

- 무화과말벌

　말벌은 놀라운 생명체다. 푹 익은 과일을 좋아해서 잼 뚜껑을 열어놓기만 하면 어디선가 찾아와 소풍을 망쳐놓는다. 이들은 곤충의 알에 기생하여 부화하며 대개 숙주를 죽이거나 불임으로 만들고 심지어 잡아먹기도 하는 포식기생자다. 어린 말벌조차도 살아 있는 곤충과 거미를 먹어치울 수 있는 위력이 있다. 그리고 이 무시무시한 행동은 생태계의 균형 유지에 매우 중요하다.

런던의 국립자연사박물관에 따르면, 말벌은 해마다 영국에서만 애벌레와 진딧물과 같은 먹이를 1400만 킬로그램을 잡아먹는다고 한다. 배추밭을 송두리째 망쳐놓는 애벌레를 먹어치우는 말벌 덕분에 배추흰나비 같은 성가신 종들의 수는 줄어든다. 그래서 정원사들은 해충 제거를 위해 말벌의 한 종류인 작은 알벌을 사고, 말벌이 좋아하는 고수나 당근 같은 식물이나 꽃들을 심어 알벌들을 정원으로 유인하여 머물게 한다.

무화과말벌은 자연의 경이로움 그 자체다. 무화과말벌은 다소 특이한 방식으로 꽃가루를 옮겨주는데 이 과정을 이해하기 위해서는 먼저 무화과의 비밀을 풀어야 한다. 흔히 무화과를 한 알의 열매라고 생각하겠지만, 무화과는 열매가 꽃인 식물이다. 한 알의 꽃자루 속에 무수한 꽃이 숨은 형태로 성장한다.

일반적인 꽃의 모습으로 피어나지는 않지만 무화과도 다른 꽃과 마찬가지로 수분해야 열매를 맺을 수 있다. 그래서 아주 특별한 수분 방법을 사용한다. 암컷 무화과말벌은 무화과 안쪽의 무수한 꽃이 핀 꽃자루 안으로 비집고 들어가 알을 낳는데, 이 출산 과정 중에 무화과의 꽃가루가 수분된

다. 안타깝게도 말벌은 꽃으로 들어가는 중에 날개와 더듬이를 잃게 되며 암컷 말벌은 결국 무화과 안에 갇혀 죽는다.

알에서 부화한 무화과말벌 유충은 무화과 속을 파먹으며 살아간다. 눈도 어둡고 날개도 없이 태어난 수벌들은 암벌과 교미한 후 암벌이 무화과를 빠져나갈 수 있도록 구멍을 뚫다가 죽고, 날개가 있는 암벌들은 무화과의 꽃가루를 가지고 날아가 다시 이 과정을 순환한다. 말벌과 무화과나무는 그렇게 서로 의존한다. 무화과나무는 말벌 없이 수분하여 자손을 낳을 수 없고, 말벌은 역시 무화과나무 외에는 먹을 것도 머무를 곳도 없다.

아리스토텔레스는 말벌이 정확히 어떻게 번식하는지는 몰랐지만, 야생 무화과와 무화과말벌 간의 관계에 주목했다. 그는 자연을 유심히 관찰하

며 '자연의 사다리' 혹은 '존재의 거대한 사슬'이
라는 개념을 떠올렸다. 자연의 사다리라는 개념에
서 세상은 광물이나 식물과 같은 낮은 차원의 형
태부터 동물, 인간을 포함하는 높은 차원의 형태
로 분류된다. 한 유기체의 위치는 그것이 얼마나
많은 특성을 갖는지 혹은 얼마나 복잡한지로 결정
되었다. 아리스토텔레스는 인간만이 합리적인 사
고를 할 수 있다고 보았기에 인간을 이 사다리의
최상단에 두었다.

　아리스토텔레스 이후에도 사람들은 자연을 면

밀히 관찰하면서 생명체들과 종들이 어떻게 현재 상태에 도달하게 되었는지를 알아가고자 했다. 그리고 그 연구는 19세기 들어 일관성 있는 이론으로 정리되었다. 바로 1859년에 출간된 찰스 다윈의 혁명적 역작 『종의 기원』이다. 다윈의 진화론이 나오기 전에 창조론에 자주 제기되었던 질문은 '생물이 각기 다르게 창조되었다면 생물들 사이에서 나타나는 유사성은 어떻게 설명할 수 있을까?' 하는 점이었다. 많은 종의 생물들이 서로 닮아 있었고, 때로는 한 종과 다른 종의 중간 형태를 한 개체들도 무수히 발견되어서 형태적 경계가 분명하지 않은 경우가 많았다. 다윈은 하나의 고유한 기원에서 종이 시작되지만 일정하거나, 영원하거나, 변화하지 않는 게 아니라 점진적이고 지속적으로 변화하고 분화한다는 점에 주목했다. 다윈의 진화론에서는 외형이 유사한 종들은 공동의 조상에서 나왔다고 주장하며 종들 간의 여러 관계를 설명했다. 진화생물학으로 알려진 이 이론은 생물학 분야를 넘어 다른 분야까지 지대한 영향을 미쳤다.

기존의 종에서 새로운 종이 등장한다는 진화론은 다윈의 등장 이전부터 존재했다. 프랑스의 생물학자 장 바티스트 라마르크가 1809년에 출간한 『동물 철학』에서 진화론이 처음으로 등장한다. 라마르크는 진화가 선형적으로 이뤄진다고 보았다. 자주 사용하는 기관은 점차 발달하고, 사용하지 않는 기관은 점차 퇴화한다고 주장했다. 그리고 그렇게 발달한 특성이 자손에게 전달되면서 발달한 성질이 강화된다고 설명했다.

라마르크의 주장과 다윈의 주장 간에는 '환경'을 바라보는 관점에 큰 차이가 있다. 라마르크는 환경이 진화에 직접적인 영향을 미치지 않는다고 주장한 반면, 다윈은 자연 즉 환경이 진화를 '선택'한다고 보았다. 다윈의 자연 선택설에서는 우연하게 어떤 한 종에 환경에서 살아남기에 더 적합한 돌연변이가 생겨나 더 많이 번식하고, 그 형질이 후대에 전파된다고 설명한다. 돌연변이 형질은 생물이 진화할수록 반드시 더 복잡해지지는 않았지만, 대체로 더 복잡해지는 경향이 있었다.

진화를 연구하는 여러 학설들이 있었지만 진화의 원리를 확실하게 규명해 주지는 못했다. 환경에 따라 형질이 변화한다면 그 변화한 형질이 어떻게 생기는 것이며, 후손에게는 어떻게 전달되는지 그 과정을 설명하는 게 진화생물학이 풀어야 할 문제였다. 그리고 그 해답은 진화론과 크게 관련이 없다고 여겨진 유전학에서 밝혀졌다. 다윈이 연구하는 동안, 오스트리아의 수도승이자 생물학자인 그레고어 멘델은 콩 실험을 통해 어떤 형질이 어떻게 '그대로' 후손에게 전달되는지 설명했다. 멘델은 형질이 그대로 후손에게 전달되는, 혹은 전달되지 않는 '유전' 개념을 제시했다. 이를테면 콩류에서 식물의 키가 큰 것이 우성형질인데 이 형질은 열성형질보다 더 많은 후손에게 전달된다고 했다. 20세기 초반에 멘델과 다윈의 이론이 한데 합쳐지면서 현대의 진화론이 완성되었다.

진화론은 생물이 특정한 목적에 따라 미리 설계되었다고 생각하는 종교 이론과 정반대에 있다. 가령 목적론적 이론은 무화과말벌처럼 환경에 매우 잘 적응한 종을 두고 말벌과 무화과나무와의 특별한 관계가 우연히 발생할 수 없으므로 말벌이 무화과나무와 함께 설계되었다고 말할 것이다. 하지만 자연 선택설에 근거하면 이러한 종들은 수백만 년에 걸쳐 진화했으며 진화 내내 수많은 점진적인 변이가 있었을 것이다.

물론 그 과정에서 쓸모없는 변화도 겪었을 것이다. 목숨을 위협할 만큼 해로운 변화였을지도 모른다. 이 유전자를 가진 말벌은 다른 말벌보다 환경에 잘 적응하지 못했을지도 모른다. 환경에 의해 선택되지 않기 때문에 우리는 약한 형질을 많이 보지 못한다. 말벌은 시간이 지남에 따라 적응하여 무화과나무를 식량과 보호의 원천으로 이용했고, 무화과나무 역시 말벌에 적응하여 이 안정적인 수분의 원천을 보살피게 되었다.

정원의 꽃들은 대개 수분을 위해 곤충이나 새에게 의존하도록 진화했다. 씨앗을 퍼뜨리기 위해 다른 종을 이용하는 것이다. 과실나무는 달콤한 과육을 만들어 동물을 유인해 그것을 먹게 하고, 동물들은 배설을 통해 씨앗을 퍼뜨린다. 갈퀴덩굴 같은 식물은 표면이 거친 꼬투리나 꺼끌꺼끌한 씨앗을 만들어 동물의 털이나 날개에 들러붙어 있다가 다른 곳에 떨어져 싹을 낸다. 이런 방법으로 더 잘 성장할 수 있는 새로운 장소를 찾아낼 가능성을 높인다. 식물과 동물 간의 이러한 상리공생 관계는 하룻밤 사이에 발생한 게 아니다. 수백만 년에 걸쳐 발생한 무수하고 소소한 적응이 쌓인 결과다.

환경에 적응하는 능력은 특정 종들에게만 국한된 게 아니다. 서로 다른 종이 독립적으로 진화했지만 유사한 형질로 진화하는 사례도 다양하게 존재한다. 많은 나무가 비슷한 이파리 패턴을 보이는 형태로 진화했는데, 이는 진화가 개별적으로 이뤄졌지만 동일한 환경에서 비슷하게 적응한 결과다. 1000여 종의 무화과마다 한 종의 말벌이 존재한다고 알려져 있는 무화과말벌도 모두가 동일한 조상에서 진화한 것은 아니고, 비슷한 행동을 하는 다양한 생물의 집합으로 구성되어 있다. 무화과와 무화과말벌의 긴밀한 공진화는 때로 두 생물 모두에게 치명적인 약점으로 작용하기도 한다. 예컨대 질병이 발생하여 무화과나무나 말벌 중 한쪽이 초토화되면 다른 한쪽도 사멸할 정도로 상호 의존도가 높다.

종이 계속 변화하는 주된 이유는 기후가 환경을 끝없이 변화시키기 때문이다. 건조한 날씨에도 잘 번성하게 진화한 진딧물 변종은 건조한 기후가 계속돼도 끊임없이 많은 자손을 낳을 것이며, 그 자손들은 모두 건조한 기후에 잘 버티는 형질을 가지고 태어날 것이다. 변화는 포식자와 먹이 사이의 '군비경쟁' 변이에 의해서도 발생한다. 진딧물의 천적인 무당벌레도 이에 적응한다면, 이를테면 우리에게 이롭게 건조한 봄에 겨울잠에서 일찍 깨어나게 된다면, 어떠한 경쟁 없이 새로운 변종 진딧물을 잡아먹을 것이다. 먹이가 되는 종이 안전을 위한 변이를 추가한다는 것은 생존하여 다시 새끼를 낳을 수 있다는 뜻이다. 예컨대 개미와 협력 관계를 맺은 진딧물은 무당벌레에게서 보호받는 대가로 개미에게 꿀을 준다. 이 과정은 계속되고 각각의 종은 끊임없이 다른 종보다 유리한 입장에 서려 한다.

포식자와 먹이 간의 군비경쟁은 병원균이나 식물 같은 다른 생명체에서도 찾아볼 수 있다. 과학의 발전은 인류에게 대개 이롭지만, 화학약품에 의존하면 자연의 군비경쟁에서 해충과 잡초에게 유리하도록 균형이 바뀌는 악순환이 만들어지기도 한다. 예컨대 블랙그래스는 경작하는 작물을 괴롭히는 잡초로, 현대 제초제의 주된 타깃이다. 하지만 1980년대 이후 농부와 과학자는 제초제에

내성을 가진 블랙그래스가 더 큰 문제를 주고 있
다고 보고했다. 블랙그래스 내 변이가 일어나 특
정 화학물질에 대한 민감도가 떨어졌고, 이와 동
시에 블랙그래스가 모든 화학물질에 전반적으로
내성이 커지는 문제가 발생한 것이다. 게다가 약
한 블랙그래스와 다른 잡초가 화학물질로 모조리
없어진 땅에서 화학물질을 이겨낼 능력이 있는 강
력한 블랙그래스는 물과 햇볕과 같은 자원을 두고
다른 식물과 경쟁할 필요가 없어져 결국 더 강하
게 살아남게 되었다.

기계를 사용하여 물리적으로 잡초를 제거하
지 않을 때 문제는 심화한다. 이른바 슈퍼잡초를
제거하기 위한 제초제에도 내성이 생긴 잡초가 전
세계적으로 증가하고 있다. 1990년대 말에 콩·옥
수수·면화 등의 작물이 농약에 더 잘 견디도록 유
전자를 조작한 바 있었다. 이 식물들은 제초제인

글리포세이트에 내성이 있지만, 글리포세이트에 내성을 가진 슈퍼 잡초가 발생한 터라 이제 농민 대다수가 이 비싼 기술을 버리고 트랙터를 사용하는 등 구식의 기계적 잡초 제거법을 택하고 있다.

또 다른 문제는 '터미네이터' 종자를 둘러싼 논란이다. 유전자 조작된 대부분의 씨앗은 유전자가 편집되어 2세를 낳을 수 없다. 식물이 씨를 맺지 못하게 유전자를 조작한 이유는 간단하다. 새로운 품종을 만든 기업은 경쟁업체들이 혁신 기술

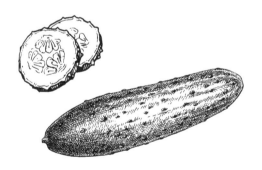

을 훔칠 수 없게 하기 위해 식물의 생식 능력을 제거한다. 그래서 씨앗을 보관할 수 없는 농부들은 해마다 종자를 구매해야 한다. 유전자 그리고 '생명' 특허가 그랬듯이, 이 기술의 윤리성에 대해 대대적인 논쟁이 있었다. 터미네이터 종자의 상업적 사용은 농부·정부·자선단체·비정부기관의 광범위한 반대 운동 덕분에 2006년부터 중단되었다.

종자 주권은 식량 주권과 대기업 의존과 관련이 있는 문제라 그 중요성이 점점 커지고 있다. 현재 열 개의 종자 회사가 전 세계 상업용 종자 시장의 4분의 3을 지배하고 있을 정도로 우리는 이 기업에 기대고 있다. 인류의 식량을 소수의 식물 종에 의존하는 것도 문제다. 유엔식량농업기구의 추정에 따르면, 식용으로 키울 수 있는 식물의 품종은 25만 가지지만 현재 3퍼센트 미만의 종만이 재배되고 있다. 약 150가지 식물 종이 전 세계인을 먹여 살리고 있는데, 그 가운데 겨우 열두 가지가 세계 식량의 4분의 3을 제공하며 그중 절반은 3대 작물인 쌀·밀·옥수수로 조달된다. 우리가 이토록 의존하는 3대 작물 가운데 하나에 무슨 일이라도 생기면 인류는 무화과말벌처럼 매우 위태로워질 수밖에 없다. 이 위태로움에서 벗어나려면 각각의 종에 유전적 다양성을 확보하고, 다른 식물 종도 소비할 수 있는 기회를 제공해야 한다.

밀레니엄 종자 은행은 홍수나 폭격, 기타 방사성 물질 등을 막을 수 있는 영국 서식스의 지하 보관실에 전 세계에서 가져온 24억 개 이상의 종자를 보관하고 있다. 식용 식물 종·생계에 유용한 종·야생에서 멸종 위기에 처한 종이 종자 은행의 우선 보호 대상이다. 밀레니엄 종자 은행은 전 세계에서 가장 크고 다양한 야생 식물 종 유전자 자원 센터로, 지금까지 97개 국가로부터 종자를 받았다. 북극권의 스발바르 국제 종자 저장고는 세계에서 가장 다양한 식용 작물 수집소다. 영구동토로 보호되는 이 저장고에는 100만 개가 넘는 샘플이 보관되어 있다.

당신이 손에 든 씨앗 하나하나는 수백만 년에 걸친 진화가 낳은 작은 기적이다. 그만큼 당신의 입맛에 딱 맞을 것이다. 그 소중함을 느끼기를 간절히 바란다.

겸손이 최선이다

정원을 가꾸기 시작하면서 매일이 새롭다. 책이나 잡지, 원예용품을 사는 가게, 묘목을 심어 기르는 곳 등 어디에서나 정보를 수집하고, 전혀 알지 못했던 기술을 배우며, 특이한 식물을 발견하고, 생각지 못한 아이디어와 영감을 얻을 수 있는 물건과 장소라면 그게 무엇이든 열렬히 환영한다. 과거에는 전해져 내려오는 농사 기술을 엄격하게 따르는 사람이 많아 문제도 많이 생겼다. 가령 스위트피를 키우며 '이렇게 저렇게 해야 하며 그렇지 않으면 작황을 망친다'는 등의 원칙을 꼭 지킨 것이다. 엄격한 지시를 그대로 따르는 일은 "그건 조건과 상황에 따라 다른데…"로 시작하는 깊이 있고 신중한 조언보다 실행하기 쉽다. 조언을 하는 사람도 조언을 듣는 사람도 마찬가지다. 고려해야 할 복잡한 요인과 끝없는 변수를 줄줄이 늘어놓는 것보다 친절하고 단순하며 명쾌한 조언을 더 좋아하지 않을 사람이 어디 있을까?

당신은 당신의 정원을 얼마만큼 알고 있는가? 정원의 흙 상태는 어떠한가? 산성도는? 식물이 그늘지고 바람을 맞는 위치에 있는가, 아니면 볕을 잘 받고 비바람을 피할 수 있는 자리에서 보호받고 있는가? 키우고자 하는 식물은 무슨 종인가? 텃밭이 있는 곳만의 특수한 기후가 있는가? 영향을 받는 한 해 강수량과 일조량을 아는가? 식물에게 필요한 퇴비나 영양분은 무엇인가? 물을 충분히 주는가, 아니면 너무 적거나 많이 주는가? 하루 중 언제 물을 주는가? 씨앗을 뿌리고 심는 일을 얼마나 일찍 혹은 얼마나 늦게 하는가? 자랄 때 받침대를 설치해야 하는 식물인가? 그 지역에 해충이나 질병 등 특별한 문제가 있는가?

정원을 가꾸기 시작할 때, 이 모든 정보를 머릿속에 한 번에 다 넣으려고 하면 대개 실패한다. 또한 정보량이 지나치면 정원을 보살피는 일이 즐겁고 편안한 취미로 느껴지지도 않을 것이다. 세상에 쉬운 일은 없다지만, 그저 스위트피와 오이를 좀 키워보려 했을 뿐인데 어떤 방법이 잘 통할지 누구도 말해줄 수 없단 말인가? 오랜 세월 정원을 가꿔온 사람들은 직접 부딪혀 배우라고 조언할 것이다. 그러나 조언을 듣되 감안해서 듣고 그것을 성경 말씀처럼 여기시 말아야 한다. 누군가에게 매번 통하는 방법이 또 다른 사람에게는 정원을 망치는 방법이 될 수 있기 때문이다.

　직접 해보면서 배우라는 말은 꽤 타당하게 들린다. 다가올 계절에 경험을 통해 얻은 지식을 적용하여 식물과 정원을 더 성공적으로 계획할 수 있다는 게 장점이다. 하지만 18세기 철학자 데이비드 흄은 귀납 문제에 관한 연구를 동원하여 경험적 지식에 반기를 들었다. 흄은 존 로크와 같은 경험주의자인데, 흄과 로크 모두 경험을 통해 배운다고 생각했다. 이를 습득이론이라 한다. 이 이론에서는 단순하든 복잡하든 모든 개념과 믿음을 습득하려면 특정 종류의 경험이 필요하다고 생각했다. 단순한 생각은 경험으로부터 직접 수집한 것인 반면 새롭고 복잡한 개념은 단순한 생각을 바탕에 두고 추상화하거나 비교하면서 발전시킨 것이다. 믿음도 마찬가지다. 어떤 믿음은 감각한 정보로부터 발생하고, 복잡한 믿음은 정보에 연역과 추론을 적용할 때 발생한다. 이것은 우리가 알고 있는 게 진실이라면 일반적인 법칙을 적용하여 새로운 진실을 추론할 수 있다는 의미다. 예컨대 피클을 담그는 마켓모어(marketmore)는 오이 식물인데, 모든 오이는 일종의 조롱박이므로 마켓모어도 조롱박이라고 추론하는 것처럼 말이다.

흄은 우리의 모든 생각이 경험하기 전에 알고 있는 것이 아니라, 오감으로 경험한 후에 형성되는 것이라 생각했다. 이는 여러 사례를 통해 일반적인 법칙을 발견할 수 있다는 귀납법이다. 여기까지는 로크의 주장과 다르지 않은데 흄은 조금 더 나아간다. 그는 과거 경험을 바탕으로 미래를 가정하고 예측할 수 있다고 믿었다. 즉 인과관계를 따져보면 다음을 예측할 수 있다는 것이다. 우리는 식물에 물을 주고 자라는 걸 지켜보면서 미래에도 그런 방식으로 물을 주면 같은 결과가 나올 거라 가정한다. 미래의 모든 물주기 사례를 우리가 경험한 과거의 사례와 똑같이 취급한다. 지난번 물을 주었을 때 식물이 성장했으니, 다음에 물을 준다면 마찬가지로 식물이 성장할 것이며, 따라서 미래에 물을 주면 식물이 잘 자랄 것이라 주장한다.

흄은 이러한 생각의 이면에는 합리적인 근거가 없다고 본다. 자연의 흐름이 변하지 않으리라는 보장이 없기 때문이다. 가령 식물에 물을 주는 건 다른 일을 발생시킬 수 있다. 논리적으로 과거와 똑같은 일이 반드시 다시 일어날 거라는 의미가 될 수는 없다. 지금까지 매일 태양이 떴다고 해서 내일도 반드시 태양이 뜰 거라고 할 수 없는 것처럼 말이다.

흄은 귀납적 추론을 뒷받침하는 건 이성이 아

니라 우리의 상상이라고 했다. 한 사건이 유발한 것처럼 보이는 또 다른 사건이 뒤따라 일어나는 걸 보면서 우리는 두 사건이 연결되어 있을 거라고 추측하여 결론을 내린다. 개별적인 두 개의 사건을 연결하는 건 우리의 본능이자 습관이다. 이러한 자연스러운 본능 덕분에 자연법칙이 지배하는 이 세상에서 우리는 이성에만 매달릴 때보다 더 성공할 수 있다. 두 손을 들고 무엇도 예측할 수 없으니 아무것도 하지 않겠다고 말하는 대신, 물을 주기 때문에 식물이 자란다는 걸 마치 본능적으로 아는 것처럼 행동한다.

흄의 주장은 우리에게는 강한 본능이나 믿음만 있을 뿐 정원 가꾸기에 관해서는 실제로 아는 게 전혀 없다는 뜻일 수도 있다. 과연 우리는 그 정도로 아는 것이 없을까? '믿음'은 과학적이라고 하기 어렵고 실용적이라고 하기도 어려우니, 어떤 것도 확신하면 절대로 안 되는 걸까?

다시 새로운 결과를 도출하는 행위로 돌아가 보자. 우리는 '정말로 믿을 수 있는 사실'을 통해 새로운 지식을 쌓아간다. 이를테면 나는 태양이 뜨겁다고 믿으며, 모든 사람의 감각이 그렇듯이 내 감각도 그렇게 말하므로 나는 이 추론이 정당하다고 믿는다. 그러므로 나는 태양이 뜨겁다는 걸 안다.

그런데 이런 추론 과정도 항상 옳은 건 아니다. 「정당화된 참인 믿음은 지식인가?」라는 단 세 쪽짜리 논문으로 전 세계의 철학계를 뒤집어 놓은 현대의 미국 철학자 에드먼드 게티어는 때론 '진정한 믿음'이 잘못된 종류의 정당화를 사용하여 정당화될 수 있다고 주장했다. 말부터 어렵지만 구체적인 사례로 치환하면 보다 이해하기 쉬워진다. 예컨대 해바라기 그림이 그려져 있는 씨앗 봉지를 보면서 나는 해바라기씨 한 봉지가 있다고 생각할 것이다. 그리고 봉지를 여니 해바라기씨가 보인다. 이 추측과 과정, 결론에 의문을 제기할 사람은 없다. 그런데 이런 암묵적인 추론 과정에서도 결함을 피할 수는 없다.

종자 회사에서 해바라기씨로 잘못 인쇄된 봉투에 라일락씨를 담아 보냈는데, 배달 과정에서 라일락씨가 빠져나와 봉지가 비어버렸다고 가정해 보자. 그리고 내가 모르는 사이에 이웃의 주말 농장 주인이 남는 해바라기씨를 내게 줄 방법을 찾다가 그 빈 봉지를 발견하여 그 안에 씨앗을 담아두었다고 가정해 보자. 이 경우 해바라기씨 봉투에 해바라기씨가 들어 있다는 나의 추론은 참이다. 하지만 봉지를 들여다보기 전에 나는 해바라기씨가 그곳에 있다는 걸 안다고 할 수 없다. 봉지 안에 종자 회사에서 보낸 씨앗이 있다는 추론은 정당할지라도 사실은 부정확한 것이고, 우연히 봉지 안에 해바라기씨가 있어 나의 믿음이 진실이 된 것뿐이다.

이처럼 어떤 생각을 하게 된 원인과 그 생각을 진실로 만들어주는 사실 사이에 아무런 관계가 없을 수 있다. 그렇다면 우리가 알고 있다고 믿는

모든 사실 또한 논리적인 과정을 거쳤다고 말하기
어렵다.

　우리는 언제 '알고 있다'고 말할까? 이를 고찰
하는 이론은 크게 둘로 나뉜다. 바로 기초주의와
정합주의다. 둘의 차이는 흔히 피라미드와 뗏목으
로 비유된다. 피라미드는 가장 아래부터 하나씩
쌓아 올라간다. 이처럼 기초주의자는 피라미드의
벽돌같이 하나의 믿음은 더 근본적인 다른 믿음을
토대로 삼는다고 주장한다. 반면 정합주의자는 지
식은 서로 엮여 있는 뗏목과 같다고 한다. 믿음은
다른 믿음 위에 존재하는 게 아니라 다른 믿음과
의 관계에 의존한다는 것이다. 정합주의자는 어떤
믿음이 다른 믿음들과 모순된다고 여겨지면 그것
을 폐기하지만, 모순되더라도 뗏목은 여전히 유지
된다. 이는 같은 상황에서 기초주의자가 피라미드

의 벽돌을 버리는 것과는 다르다. 피라미드의 벽돌을 없애면 믿음 체계 전체가 흔들린다.

두 이론은 나름의 결함이 있다. 먼저 기초주의는 피라미드를 쌓아 올라가는 것이 중요한데, 피라미드의 가장 아래를 구성하는 기초적인 믿음이 믿을 만한 것인지를 설명하기 어렵다. 정합주의는 감각적 인식이 뗏목을 어떻게 구성하는지, 감각적 인식이 또 하나의 막대기에 불과하여 버려질 수 있다면 우리는 어떻게 감각적 인식에 특별한 가치를 부여해야 하는지에 대해 답하기 어렵다.

어떤 믿음이 정당화되기 위해서는 추론 과정에서 믿음의 비율이 높아야 한다고 생각하는 편이 마음이 더 편할 것 같다. 해바라기씨 문제로 다시 돌아가 보자. 나는 봉투 안에 해바라기씨가 있다고 믿었으며, 이것은 진실이다. 아마도 나는 신뢰할 만한 과정이나 정당한 과정을 통해 그 결론에 도달한 게 아닐 수 있다. 종자 회사가 실수를 자주 해서 봉투에 적힌 정보가 항상 봉투 안의 내용물을 가리키진 않을 수 있다.

그렇다면 봉투 안에 해바라기씨가 있었다는 걸 안다고 말하는 대신, 그 안에 '씨앗'이 있다고 '확신한다' 혹은 '믿는다'고 말할 수 있다. 이런 식으로 이미 안다고 생각하는 것에 회의하며 신중을 기할수록 우리의 생각은 더 정확하고 과학적이 될 것이다.

믿을 만하고 성공 확률을 높이는 것 같은 과정과 기법을 사용하는 게 정원 가꾸기에서도 중요하다. 우리는 많은 정보를 조사하고 배운 후 좋은 작물을 얻고, 성공적으로 재배했던 그 조건을 가능한 한 정확하게 반복하려 한다. 그 과정에서 생각처럼 일이 풀리지 않을 땐 행동을 바꿔서 다시 시도해 본다. 물론 날씨와 자연의 속임수들처럼 우리가 통제할 수 없는 조건도 있다. 그렇다고 낙심할 필요는 없다. 어차피 우리가 사는 세계는 혼돈으로 가득 차 있고 확실한 건 없다. 수많은 시행착오를 통해 경험을 쌓다 보면 우리는 결국 좋은 정원사가 된다.

정원에서 무언가 100퍼센트 통할 거라 생각하는 건 전적으로 비합리적이다. 다시 말하지만, 정원 가꾸기에서 확실한 건 없다. 당신과 다른 사람들이 예전에 성공한 방법을 쓰면서 어떤 식물이 가장 잘 자랄 가능성이 있다고 또는 자랄 수 있을 거라고 겸손한 자세로 믿는 게 최선이다. 항상 그렇듯이 연륜이 있는 정원사는 틀리지 않는다.

4장

겨울

내일을 준비하는 마음

퇴비

흙

강낭콩

바위

묘목

사라지는 것은 없다, 영원히

- 퇴비

정원사들은 여유 공간만 있다면 나중에 쓸 요량으로 정원 어딘가에 퇴비를 쌓아둔다. 시간이 지나며 깎아둔 잔디 더미나 헛간 뒤에 옮겨놓은 부러진 나뭇가지들이 자연히 쌓여가기도 한다. 이런 퇴비를 플라스틱으로 된 작은 퇴비 상자에 넣거나 오래된 목재 조각으로 건초 저장소를 만들어 보관하기도 한다. 상업용 농장과 같은 대규모 재배지에서는 한꺼번에 어마어마한 양의 퇴비를 만들어야 할 때도 있는데, 건초를 길게 널어놓고 트랙터나 채굴기로 뒤집어야 할 정도다. 어떤 정원이든 쓰레기를 배출하기 마련이라서 세상에는 퇴비 만들기를 다루는 책이나 기사, 영상, 강의 등이 정말 많다. 정원사들은 자원을 활용하는 법을 배워 식물 재배에 도움을 주는 최상의 퇴비를 만들고자 한다.

짚과 잡초나 낙엽 등을 일정 기간 쌓아두었다가 썩히고 발효시켜 다시 흙에 영향을 더하는 퇴비를 만들다 보면 이와 같은 순환이야말로 궁극의 재활용이라는 생각을 하게 된다. 우리가 평소에 사용하는 여러 물건들 또한 그 용도를 다했다고 하더라도 그냥 사라지는 게 아니다. 쓰레기를 줄여야 한다고 외치는 시민운동가들이 날카롭게 지적하는 것처럼 우리에게는 쓰레기를 마구 처분할 수 있는 '멀리 떨어진 외딴곳'은 없다. 재활용

센터나 매립지같이 당장 우리 눈앞에 보이지 않아 딱히 인식하지 않게 된 어딘가가 있을 뿐이다.

정원에서 나온 쓰레기로 퇴비를 만들면 두 가지 이유에서 환상적이다. 우선 생명이 다한 한해살이 풀들과 가지치기한 나뭇가지와 남은 작물 등 쓰레기를 없애준다. 그리고 그 쓰레기 덕분에 땅은 풍요로워진다. 퇴비는 다양한 방법으로 사용할 수 있다. 대개 6개월에서 1~2년간 토양에 퇴비를 뿌려 덮어두면 땅은 다시 비옥해진다. 화분에 넣거나 파종할 때 쓰는 배합토에 섞으면 식물에 영양을 공급할 수 있다.

퇴비를 만들 때는 산소를 이용해 사랑스러운 유기물질을 분해해야 한다. 그래서 더미를 뒤집거나 바람을 쐬어주는 게 퇴비 만드는 과정에서 매우 중요하다. 좋은 퇴비를 만들기 위해서는 배합도 중요한데 보통은 죽은 꽃, 채소의 몸통 중에서 땅 위로 올라온 부분이나 그 껍질, 깎은 잔디나 잎처럼 질소가 많이 섞인 '녹색' 재료 두 묶음과 나무줄기, 종이 또는 마분지처럼 탄소가 많이 함유된 '갈색' 재료 한 묶음을 더해준다.

퇴비 더미가 1세제곱미터 이상이면, 퇴비의 적당한 비율에 공기와 습기가 더해지며 박테리아가 퇴비를 생성하기에 딱 맞는 조건이 된다. 박테리아가 움직여 유기물질을 분해하기 시작하면 퇴비 더미의 온도가 올라간다. 병균은 섭씨 55도 이상에서 죽고, 섭씨 62도가 되면 잡초의 씨앗도 죽는다. 이 뜨거운 단계가 끝나면 퇴비 더미의 온도가 조금 내려간다. 그다음에는 다른 박테리아와 곰팡이가 생겨나 유기물질을 잘 부서지는 멋진 퇴비로 분해한다.

이 단계에서 벌레들과 다른 미생물들도 분해

가 지속되는 데 도움을 준다. 지렁이로 만드는 퇴비는 박테리아와 곰팡이가 아니라 지렁이를 이용한다는 점에서 '열을 이용한' 퇴비 만들기와 조금 다르다. 유기물질이 지렁이의 소화기관을 통과하는 동안 지렁이 내장 안의 효소가 유기물질을 분해한다.

세상에는 쓰레기를 버릴 외딴곳은 따로 존재하지 않는데, 우리가 평소에 만들어내는 그 많은 쓰레기는 어디로 가는 것일까? 정원에서 그냥 버려지는 건 없다. 퇴비 더미에서 물질이 분해되는 걸 보면 항상 놀랍다. 거대한 쓰레기 더미가 손수레로 두어 번 나를 수 있는 양의 쓸모 있고 영양분이 넘치는 퇴비로 변신한다. 퇴비 더미는 에너지의 한 형태인 열은 파괴되지 않으며 단지 다른 형태로 변할 뿐이라는 열역학제1법칙, 즉 에너지 보존 법칙을 몸소 체험할 수 있는 완벽한 장소다. 퇴비 더미에서 발견할 수 있는 열역학법칙은 무엇일까? 퇴비를 만드는 과정 중 더미에서는 열·물·이산화탄소와 같은 부산물이 발생하며, 퇴비가 아주 잘 만들어지면 암모니아와 메탄 같은 가스도 생성된다. 우리가 투입한 물질 중 일부만이 퇴비로 사용할 수 있고, 나머지는 다른 형태의 물질과 에너지로 전환된다. 퇴비에 사용되는 거대한 쓰레기의 양이 작아진 것처럼 보이더라도 전체 질량이 파괴된 것은 아니다.

생을 다하고 썩어 다시 흙으로 돌아가는 것은 정말 단순한 자연의 섭리다. 우주에서 에너지는 사라지지 않고 다른 형태로 전환될 뿐이라는 법칙처럼 불교와 자이나교, 힌두교에서 말하는 환생 개념도 이와 유사하다. 그들은 우리의 의식이 파괴될 수 없다고 말한다. 육신이 죽으면 의식 혹은 영혼이 또 다른 육신으로 옮겨가 태어나서 어린 시절을 거쳐 나이가 들다가 죽는 주기가 다시 시작된다는 것이다. 햇빛을 향해 뻗어나가던 식물들의 에너지가 다시 흙으로 돌아가서 다른 식물로 흡수되는 것처럼 말이다.

윤회란 '세상의 바퀴' 혹은 '주기'라는 뜻으로 모든 물질이 갖는 연속되는 성격, 즉 삶과 존재를 나타낸다. 윤회 사상에서는 우리가 행한 모든 일들의 결과에 따라 달라지기에 우리는 업보에 구속된 존재라고 가르친다. '열반에 이르렀다' 혹은 '해탈했다'는 말의 의미는 끝없는 윤회의 주기에서 해방되었다는 뜻으로, 깨달음의 경지에 도달해 세상과 하나가 됨으로써 무지에서 자유로워진다는 뜻이기도 하다.

자이나교도에게 해방과 자유는 유한한 개인에게 적용된다. 반면 불교도들은 무아(無我) 사상을 기반에 두고 단지 보편적인 진체기 있을 뿐이라고 믿는다. 만일 우리가 실재에 대한 지식을 얻을 수 있다면 삶의 끝없는 주기를 겪을 필요가 없다. 동양 사상은 궁극의 실재를 하나 됨이나 무(無), 또는 공(空)으로 자주 묘사한다. 이 '공'에는 물질 세상의 어떤 것도 존재하지 않지만, 생명과 복잡한 상호관계를 낳을 수 있는 무한한 잠재력이 있다.

퇴비 만들기는 여러 종교에서 말하는 환생의 주기를 훌륭하게 보여준다. 우리는 죽은 튤립을 퇴비 더미에 넣는다. 그러면 튤립은 분해되어 아름답고 부슬부슬한 퇴비로 변신한다. 이 퇴비는 다음 계절에 토마토로 되살아난다. 토마토의 수확이 끝나면 토마토 나무는 더미로 보내지고, 이 주기가 다시 반복된다.

곰팡이를 좋아하는 정원사라면 실처럼 가는 곰팡이의 균사가 땅속으로 넓게 뻗어나 생태계가 손상되지 않은 건강한 토양을 보고 '정원이 열반한 모습'이라고 생각할지 모른다. 곰팡이는 균사체를 형성해 효소를 분비하여 죽은 나무와 같은 유기물을 분해하여 자연으로 돌려보내는데, 이 과정에서 식물의 뿌리가 흡수할 영양분을 만든다. 다른 생명체가 자랄 수 있는 자양분으로 쓰일 수 있도록 생태계의 청소부 역할을 하는 것이다. 곰팡이 덕분에 땅과 식물 사이에는 의존 관계가 형성되어 하나로 연결된 전체를 이룬다.

에너지는 특정한 방향성을 갖고 이동한다는 열역학제2법칙도 정원사들에게는 익숙한 법칙이다. 열역학제2법칙에 따르면 에너지는 높은 쪽에서 낮은 쪽으로 흐를 뿐, 낮은 쪽에서 높은 쪽으로 흐르지는 않는다. 예를 들어 물속에 잉크를 떨어뜨렸을 때 따로 휘저어 주지 않고 가만히 두어도 알아서 물 안에서 번져나간다. 또한 뜨거운 물과 차가운 물을 섞으면 서로 섞여 미지근한 물이 될 뿐 미지근한 물을 차가운 물과 뜨거운 물로 다시 나눌 수는 없다. 이처럼 에너지의 방향은 에너지가 높은 쪽에서 낮은 쪽으로, 한 방향으로 흐르도록 정해져 있다. '에너지는 한 방향으로 변화한다'는 것이 바로 '엔트로피 법칙'이다.

엔트로피가 높다, 즉 변화하고 있다는 말은 변화가 한 방향으로 활발히 일어나는 상황이기에 다른 일이 일어날 가능성이 낮아진다는 뜻이다. 반면 엔트로피가 낮다면 새로운 결과물을 발생시킬 가능성이 높아진다. 엔트로피가 낮으면 다른 무언가가 에너지를 확장할 능력이 커진다는 걸 생각하면 이해하기 쉬울 것이다.

뜨거운 물체의 열도 시간이 흐르면 식듯이, 에너지는 다시 흡수하거나 사용할 수 없는 방식으로 끊임없이 손실되거나 흩어진다. 이 때문에 다수의 과학자는 우주의 모든 별이 태울 연료가 바닥날 때 우주가 '열 죽음'을 겪게 될 것이라고 말한다. 별에 생명을 유지할 연료가 남아 있지 않을 때 끝없이 팽창하는 우주의 엔트로피는 최대가 되고 우주의 모든 별은 소립자로 분해된다.

엔트로피와 무작위성 혹은 대혼란의 관계는 흥미롭다. 엔트로피가 낮은 상태는 단순하고 설명하기 쉬운 반면, 엔트로피가 높은 상태는 복잡하고 설명하기 훨씬 힘들기 때문이다. 상상할 수 있는 가장 낮은 엔트로피 상태는 무한한 잠재력을 가진 우주가 폭발하듯 시작된 때일 것이다. 반면 우주의 끝은 모든 에너지가 분산되고 확산되어 쓸 수 있는 에너지가 바닥 난 가장 높은 엔트로피 상태라고 정의할 수 있다.

새로운 것을 창조한다는 건 '에너지의 총량은

변하지 않는다'는 우주의 진리를 거스르는 일이 아니다. 생명이든 아이디어든 아무것도 없는 무에서 유를 창조한다는 관점 자체가 틀린 것일 수도 있다. 새 생명이 탄생하고 새로운 모습으로 환생하는 데에는 손실이 필요하다. 하나를 얻으려면 다른 하나를 포기해야 한다. 삶 속에 죽음이 있는 것처럼 죽음 속에 삶이 있다. 죽음과 삶은 그렇게 서로를 껴안고 있다.

이것은 양이 없으면 음이 존재하지 않는 원리와 같다. 공에 대한 동양의 관점은 입자들이 계속해서 생겨났다가 사라진다고 보는 양자물리학의 현대적인 사유와 일치한다. 공은 사실 비어 있는 게 아니라, 모든 것을 다 아우르는 잠재력이다. 비어 있는 공간에서 형태가 나타났다 그 안으로 다시 사라진다. 사물들은 실체가 없지만 관계는 분명 존재한다.

여름에 한동안 휴가를 다녀온 뒤 정원이나 주말농장을 둘러보다 허리 높이까지 자란 잔디와 우거진 잡초를 발견한 사람이라면 엔트로피가 높은 혼란스러운 상태가 어떤 모습일지 알 것이다. 잔디를 깎고 잡초를 제거하며 혼란 속에서 다시 한 번 체계적으로 질서를 만들어내지만, 때론 정원의 역사에서 이렇게 방치되어 혼란이 극대화된 시기가 새로운 경험의 장을 열기도 한다. 혹시 모른다.

한 번도 본 적 없는 야생 식물이 당신의 정원에 선물처럼 뿌리내리고 있을지 말이다. 정원사와 정원의 관계는 언제나 끊임없이 변하지만, 그게 바로 세상의 이치가 아니겠는가.

편견을 골라내면
새로운 지식이 싹튼다

- 흙

흙, 흙, 흙은 위대하다. 세상의 모든 생명은 흙에서 시작된다. 흙은 단순히 식물을 지탱해 주는 물질이 아니다. 단단한 바위가 마모되어 가루가 되고, 유기물이 그 가루를 갈고 맬 수 있을 정도로 부드러운 흙이 되기까지 수천 년은 아닐지언정 수백 년이 걸린다. 이 작디작은 입자들은 우리의 인생보다 훨씬 긴 시간을 조용히 견뎌온 것들이다.

흙은 모든 식물을 지탱하고, 물을 걸러내고, 때로는 물을 머금어 홍수를 막고, 먹이사슬 전체에 영양분을 재순환시키고 배분한다. 또한 탄소와 메탄과 같은 온실가스를 가두는데, 추정치에 따르면 흙은 전 세계적으로 900억 톤에 달하는 탄소를 가두고 있다. 이는 지구의 대기나 초목에 저장된 것보다 훨씬 많은 양이다.

그런 흙을 자세히 들여다보면 다른 어떤 서식지보다 다양하고 다채로운 모습이 펼쳐진다. 평범해 보이는 정원의 한 줌 흙에는 10억 마리의 박테리아와 수천 마리의 단세포 생물, 몇 미터에 달하는 넝쿨손 모양의 균류, 지렁이와 닮은 500마리의 선충이 있다. 게다가 지렁이·민달팽이·딱정벌레·톡토기·쥐며느리·진드기·벌레 유충 등 죽은 유기물을 재순환시키는 아주 작은 생물들도 흙 속에 살고 있다.

이 모든 유기물이 합쳐져 땅에서 식물과 더불어 살고 있는 모든 생명체에게 먹이를 공급하거나 이에 도움을 주는 복잡하고 상호의존적인 에너지 흐름이 형성된다. 영양분을 공급하는 이 먹이그물 생태계가 없다면 식물들은 잘 자랄 수 없고, 먹이사슬의 상층에 있는 동물도 제대로 살 수 없다. 결국 모든 건 흙에서 비롯된다.

흐름이 원만하게 구성된 건강한 토양은 물이 원활히 흐르게 하는 역할도 한다. 물의 일부는 식물이 사용할 수 있도록 뿌리 주변에 저장되고, 남는 물은 지하수로 빠져나가 시냇물과 강으로 흘러가는 자연의 홍수 관리 시스템을 이루는 식이다.

모든 생명은 흙에 의존한다. 인간도 마찬가지다. 하지만 우리는 놀라울 정도로 흙에 대해 알지 못한다. 그런데도 오히려 모르는 것을 쉽게 인정하지 못할 때가 많다. 어떤 문제에 대해 성급하게 답을 내려버리고 그 답이 옳다는 생각을 버리지 못한다. 그리고 그 모든 것은 편견으로 발전해서 우리 스스로를 편견 안에 가둔다.

흙을 잘 모르는 인간은 더 좋은 것을 얻기 위해 욕심을 부리다가 위험천만한 결과를 불러오기도 했다. 단적인 예로 흙에 직접적인 영향을 끼치는 비료는 수많은 문제를 일으켰다. 수확량을 늘리기 위해 많은 양의 비료를 사용하다 보니 비료 속 질소 때문에 문제가 생긴 것이다. 성장이 과도하게 촉진되면서 식물은 수분을 많이 머금고 자라나 해충과 질병에 취약해졌다. 줄기나 잎이 무성해진 식물에서 과실이나 뿌리 등의 성장과 착색 상태가 불량해지는 과번무가 발생했으며 줄기가 약해진 탓에 비가 오거나 바람이 불면 쉽게 쓰러져 버렸다. 식물의 줄기가 휘어져 쓰러지면 지연스레 수확량은 저하된다. 마그네슘 과잉도 인간의 무지에서 비롯된 문제다. 식물과 흙에 화학약품이 뿌려지면 마그네슘이 과잉 공급된다. 적정량의 마그네슘은 광합성에 꼭 필요하지만, 과도하게 공급되면 식물의 칼슘 흡수 능력이 저하되고 성장이 멈추는 결과를 초래한다.

편견에 갇혀버리면 우리의 세상은 점점 더 좁아지고 단순해진다. 문제가 발생했을 때 그 문제 하나만 해결하면 모든 것이 다 잘 풀릴 거라는 확신에 찬 시도가 또 다른 심각한 문제를 불러일으키기도 한다. 20세기 중반에 사용되던 DDT의 파괴적인 효과는 제대로 연구되지 않은 해법으로 문제를 해결할 때 어떤 결과를 낳는지, 그리고 인류의 무지와 근시안적인 사고가 어떤 비극을 초래하는지를 여실히 보여준다.

DDT는 말라리아와 티푸스를 포함해 질병을

퍼트리는 해충을 퇴치하기 위해 작물과 정원 등에 널리 사용되었다. 하지만 DDT를 사용한 후 암탉의 산란율이 감소하는 등 생물에 미치는 유독한 영향이 밝혀져 전 세계적으로 사용이 금지됐고, 지금은 대표적인 발암 물질로 여겨진다.

식물이나 과실을 갉아먹는 곤충을 없애기 위해 사용되는 상당수의 농약도 여전히 논란의 대상이다. 살충 대상이 아닌 다른 종에까지 치명적인 영향을 미치기 때문이다. 예컨대 식물의 영양분을 빨아들이는 진딧물을 퇴치하기 위해 많은 정원사들이 네오니코티노이드라는 농약을 사용한다. 그런데 이 농약은 식물 재배에 꼭 필요한 벌과 같은 곤충들의 군집을 붕괴시키는 강력한 원인이기도 하다. 어린잎과 열매를 먹어치우는 민달팽이를 없애기 위한 메타알데하이드라는 또 다른 농약도 그 연체동물을 먹고 사는 개똥지빠귀와 굼벵이무

족도마뱀, 고슴도치와 같은 야생동물들을 죽음으로 몰아넣는다. 이렇듯 해충을 퇴치할 때 한쪽으로 치우친 접근법을 사용하면 문제가 꼬리에 꼬리를 물고 이어진다.

정원을 돌보다 보면 문제의 원인을 분명히 찾을 수 없을 때가 많다. 도대체 어떤 작은 생명체가 정원의 장미를 시들게 했고 상추의 뿌리와 이파리를 망가뜨렸는지 궁금해진다. 근처에서 뭔가를 발견하고 곧바로 그것이 원인이라 결론지을 수 있지만, 증거가 없다면 확신할 수 없다. 알고 보니 다른 생물이 범인일 수도 있고, 물이나 미량의 무기물 부족에 따른 스트레스처럼 눈에 보이지 않는 근본적인 문제로 인한 증상일 때도 있다. 식물이 병든 이유가 특정 해충이라는 걸 확실히 안다고 해도 그것을 통제하기 위해 극단적으로 조치하면 오히려 상황이 악화된다. 문제의 원인이 무엇인지다 안다고 추정하기보다는 흙에 영양분을 주어 건강한 생태계를 조성하기 위해 애쓰는 게 더 현명한 태도일 것이다.

우리는 여전히 삶에 대한 지식이 정말 많이 부족하다. 살아가는 데 필요한 지식이 이미 충분하다고 생각하는 사람도 있겠지만, 겸손한 자세로 무지를 인정하는 것이 낫다고 본다. 세상은 너무나 넓고 미묘하여 우리가 발을 딛고 서 있는 이곳만이 세상의 전부가 아니기 때문이다.

고대 그리스 철학자인 플라톤의 사상에서 우리의 경험과 지식, 편견으로 인해 빠지게 되는 오류의 문제를 어떻게 해결해야 하는지 그 실마리를 찾을 수 있을지도 모른다. 특정 해충과 파괴된 식물의 잎이 상관관계가 있다고 단정하기 전에 잠시 멈춰 플라톤의 사고실험을 살펴보자. 당신이 과연 상추를 먹어치우는 벌레에 대해 올바르게 가정했는지를 점검할 수 있을 것이다.

플라톤은 자신의 스승인 소크라테스가 다른 사람들과 나눴던 이야기를 대화 형식으로 기록해 두었는데, 대화편 중 가장 유명한 『국가』에서 그는 소크라테스의 목소리를 빌려 '동굴의 비유'를 설명한다. 동굴 속에는 쇠사슬에 묶여서 항상 정면의 벽만 바라볼 뿐 뒤를 돌아볼 수도, 동굴 밖으로 나갈 수도 없는 사람들이 있다. 이 사람들은 벽에 나타난 움직이는 그림자를 보고 그것이 실제라고 생각하여 이름까지 붙이지만, 사실 그것들은 현실의 흐릿한 그림자에 불과하다. 쇠사슬에 묶인 죄수들이 볼 수 없는 등 뒤에서는 다른 사람들이 물건들을 들고 돌아다닌다. 죄수들은 그 물건 뒤에 있는 불빛 때문에 벽에 생긴 그림자를 본 것뿐이다.

쇠사슬에 묶여 있던 한 죄수가 자유의 몸이 된다면 어떻게 될까? 동굴에서 나와 눈을 찡그리며 빛을 보다가 시간이 지나 죄수의 눈이 새로운 환경에 적응하면, 그는 온전히 세상을 보고 자신을 포함한 동굴 속 죄수들이 어떻게 속아왔는지를 깨닫게 될 것이다. 어두운 동굴에서 벗어나 빛을 향해 나아가는 죄수의 모습은 지식의 습득 과정을 비유한 것이다. 일단 다양한 지식을 습득하고 나면 처음엔 어쩜 그렇게 잘못 생각하고 있었는지 궁금해지기까지 한다.

우리가 지식을 실제로 어떻게 습득하는지, 아니 더 근본적으로 우리가 지식을 알 수 있는 것인지에 대한 논쟁은 수 세기 동안 끊이지 않았다. 어떤 사람들은 지식이 오직 신의 뜻에 달려 있어서 진실은 애초에 유한한 인간이 이해할 수 없는 것이라 주상한다. 그런가 하면 객관적인 실재린 존재하지 않고 주관적인 진실만이 존재한다고 주장하는 사람들도 있다. 그런 우리에게 동굴 속 죄수 이야기는 우리가 지식이라 믿는 것들에 대한 의문을 제기한다.

우리는 지식을 제대로 습득하고 있었나? 우리가 진짜라 믿는 것은 정말 진실인가? 죄수가 평생 동굴을 벗어나지 못한다면 동굴 밖의 세상을 어떻게 상상할 수 있을까? 인간의 물리적 한계 너머에 있는 지식, 우리가 닿을 수도 증명할 수도 없는 시공간의 구성과 다른 차원 속에 있는 지식에는 어떻게 도달할 수 있단 말인가?

19세기 빅토리아 시대 영국의 성공회 신부이자 뛰어난 교육자였던 에드윈 애벗이 쓴 『이상한 나라의 사각형』은 우리가 사는 세상이 아닌 다른 차원의 세계를 들여다보는 대담한 상상력을 보여준다. 이 책에 등장하는 플랫랜드(Flatland)에는 단순하고 평면적인 기하학적 도형들이 살고 있다. 삼각형·사각형·오각형·육각형 등 여러 도형들은 종이 위의 세상에서 끊임없이 움직인다. 2차원에 사는 이 도형들은, 한 곳에 고정되어 있는 '0차원의 세상'이나 한 방향으로만 움직일 수 있는 '1차원의 세상'과는 다르게 자유롭게 돌아다닌다. 다만 높이가 없기 때문에 위로 솟아오르거나 밑으로 가라앉지는 않는다.

이 책의 주인공인 사각형은 여행을 가다가 모든 존재가 1차원의 단순한 선으로 이루어진 라인랜드(Lineland)와 마주친다. 그곳의 사람들은 사각형을 있는 그대로 볼 수 없고 사각형이 1차원 세계를 통과하는 동안 그의 일부만을 볼 수 있었다. 한번은 2차원의 세계에 있는 사각형을 찾아 3차원의 구가 방문하는데, 사각형은 구가 2차원을 완전히 통과할 때까지 크기가 커졌다 작아졌다 하는 평면적인 동그라미를 볼 수 있을 뿐이었다. 높이가 없는 2차원의 세계에서 구는 구의 모습 그대로 나타날 수 없었다. 구는 2차원에 사는 사각형을 3차원인 스페이스랜드(Spaceland)로 데려간다. 그제야 사각형은 더 많은 차원의 세계에 대해 상상하기 시작한다.

과학자들이 말하는 상대성 이론이라는 것도 이와 비슷하다. 과학자들은 이해하기 어려운 이 이론에서 시간이 또 다른 차원이라는 생각을 했고, 이러한 사유 방식은 물리학에 지대한 영향을 주었다. 우리는 한 번에 단 한 순간만 체험할 수 있기 때문에 4차원의 시공간을 3차원의 순간적인 단편이나 표현으로 경험할 수밖에 없다. 하지만 우리가 가진 단편들을 이용해 4차원의 그림을 그려나갈 때 우리는 비로소 우리의 제한된 경험이 실재의 전부가 아니라는 것을 깨닫게 된다.

우리가 경험하는 것 그 이상이 있다는 생각은 17세기 이후의 자연과학에 큰 영향을 미쳤다. 과학자들은 일반적인 통념에 의문을 제기하는 것이 과학적인 결론에 도달하는 데 도움을 준다는 걸 깨닫게 되었다. 이제 우리는 눈에 보이는 것에 최대한 객관적인 태도를 유지하면서 가설을 제시하고, 검증하며, 그 결과를 관찰한다. 이 과정을 통해 우리는 단편적이고 편향적인 관점으로 데이터를 왜곡하여 해석하는 일을 줄여나갈 수 있다.

민달팽이가 상추를 엉망으로 만든다고 생각하고 있다가 상추밭에서 정말로 민달팽이를 발견하면 역시 자신의 가설이 옳았다고 생각한다. 하지만 상추밭을 망친 원인이 민달팽이라는 첫 번째 가설에 '오류가 있을 수 있다'는 회의적이고 비판적인 태도를 견지한다면, 실제 범인은 민달팽이가 아니라 뿌리를 잘라 먹는 흙 속의 무법자 거세미

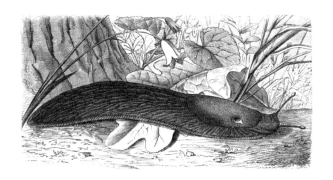

나방 유충이라는 걸 발견하고 그것을 없애 나머지 묘목을 구할 수 있다.

거세미나방 유충은 낮 동안 땅 속에 숨어 살다가 밤이 되면 흙에서 나와 연약한 모종의 줄기를 싹둑 잘라 먹는다. 게다가 땅속에서 살기 때문에 눈에 잘 띄지 않는다. 아침 일찍 활동하는 거세미나방 유충을 보지 못하고 민달팽이만 발견했다면, 우리는 식물을 병들게 한 원인이 민달팽이라고 더더욱 확신하게 된다.

'민달팽이가 여기에 있다'는 상관관계와 '민

달팽이가 상추를 먹었다'는 인과관계. 이 두 관계를 구분하려는 노력은 과학 연구뿐만 아니라, 정원 가꾸는 일 전반에 남겨진 까다로운 숙제다. 아주 오래된 믿음처럼 삭·초승·상현·보름·하현·그믐으로 변화하는 달의 위상이 당근의 싹을 틔우게 했을까? 아니면 날씨가 좋아서였을까? 아니면 그저 더 세심하게 살펴보고 물을 제때 주어서 재배가 잘된 것일까? 애초에 날씨가 좋다는 것은 달의 활동에 영향을 받는 것이 아닌가? 그렇다면 그 경우 달의 영향을 받아 싹을 틔웠다는 결론을 믿을 만한 지식이라고 할 수 있을까? 어떤 이들에게는 이러한 질문이 매우 중요한데, 답을 찾으려면 열린 마음으로 실험을 거듭해야 한다.

정원 가꾸기와 관련된 오래된 속담을 살펴보면 두 사건 간의 상관관계에서 착안한 게 대다수이며 인과관계를 거의 다루지 않는다. 다음의 오래된 속담은 영국인들이 여름에 내릴 강수량에 얼마나 많은 관심을 기울였는지를 가늠케 한다.

"참나무 잎이 물푸레나무 잎보다 먼저 피면 비가 적게 오고, 물푸레나무 잎이 참나무 잎보다 먼저 피면 비가 많이 온다."

많은 속담과 마찬가지로 이 속담이 실제로 얼마나 믿을 만한지는 논쟁의 여지가 있을 것이다. 그러나 분명한 것은 특정 나무의 발아를 촉진하는 원리를 알면 식물들이 봄에 무엇을 경험했는지 알수 있다는 거다. 실제로 참나무 잎의 발아는 기온에 민감한 반면, 물푸레나무 잎의 발아는 태양광이 땅 위를 비추는 시간에 이루어질 만큼 일조량에 예민하다.

일부 유럽 지역에서는 덥고 건조하고 이른 봄이 지나면 여름에 비가 더 많이 내리는 현상이 관찰된다. 이를 염두에 두고 물푸레나무 잎과 참나무 잎이 발아하는 패턴을 살펴보면, 빗물받이통을 넉넉히 준비하여 그해 여름 강수량을 나름대로 대

비할 수 있다.

정원의 생명들은 놀라운 유기적 관계를 맺는다. 알 듯 말 듯 하지만 복잡한 관계를 쉽게 드러내지 않는 이곳에서는 눈에 보이지 않아도 분명한 법칙이 존재한다. 이를 알지 못하는 우리는 정원의 모든 것을 지배할 수 없다. 정원도 우리 삶도 언제나 계획한 대로 흘러가지는 않는 법이다. 단편적인 지식에 함몰되고 근시안적으로만 관찰할 경우 우리는 삶이 주는 미스터리를 풀어낼 수 없다. 우리가 알고 있는 모든 지식은 플라톤이 말하는 동굴 속 그림자에 불과할지 모른다.

분명 잘 알고 있고 자신 있는 일이라 생각했지만 예상과 다르게 흘러갈 때도 있고, 아무리 노력해도 해결될 기미가 보이지 않을 때도 있다. 한편으로는 그 미지의 영역이 우리의 삶을 놀라움으로 이끌기도 한다. 그러니 다 알고 있다는 편협한 생각을 내려놓고 세상을 향한 호기심을 유지하며 겸손하게 살아가는 것이야말로 우리에게 주어진 단한 번 뿐인 인생을 만끽하는 방법이 아닐까?

땀 흘려 일하는 기쁨

- 강낭콩

정원에 있으면 올바른 삶의 관점을 얻게 된다. 이게 우리가 정원에 끌리는 이유일 것이다. 머릿속이 일상의 걱정과 문제로 가득 차 있을 때, 사방이 막힌 공간에서 벗어나 탁 트인 곳으로 가면 중요한 일에 더 쉽게 집중할 수 있다. 정원에 있으면 흙과 물과 바람, 비옥한 토양, 그리고 생존과 번성을 위해 조용하게 묵묵히 일하는 무수한 생명체들에 둘러싸이게 된다.

정원의 철학자

생존에 꼭 필요한 물이나 식량, 쉼터와 같은 기초적인 요소에 집중하면 우리의 작은 삶도 결국 생존과 번성에 관한 일이며, 그 외의 다른 모든 건 그저 덤이라는 걸 깨닫게 된다. 자신이 먹을 것들을 직접 재배한다는 건 우리가 살아남기 위해 어떤 것들이 꼭 필요한지, 가치 있는 것은 무엇인지 곰곰이 생각하게 만드는 아주 실질적인 방법이다. 그러므로 물과 식량, 그리고 쉼터는 의료 및 교육과 함께 우리가 상상할 수 있는 가장 가치 있는 것들이어야 한다.

우리에게 필요한 기초적인 것을 계속 충족시켜 주는 요건은 위대하다. 전 세계에 코로나19가 확산하는 동안 많은 사람들은 생존에 필요한 필수품들을 사회 곳곳으로 공급하는 역할을 하는 이들의 중요성을 다시 깨닫게 되었다. 팬데믹이라는 특수한 상황이 수십 년 동안 드러나지 않았던 기치를 일깨운 것이다.

　그러나 농업과 같은 식량 생산은 여전히 저숙련 노동자를 착취하고, 경력에 별 도움이 안 되는 저임금·저가치 산업으로 여겨진다. 농업을 직업으로 삼을 동기가 부족해지면서 농업에 종사하는 청년 인구는 계속 줄어들었다. 영국 농부의 평균 연령은 60세 전후이며 지난 몇십 년간 평균 연령은 꾸준히 상승했다. 영국 농부의 20퍼센트가 수익을 전혀 내지 못하지만 농지 가격은 계속 올라 에이커당 평균 1만 5000파운드에 달하는 현실을 고려할 때 이 점은 전혀 놀랍지 않다. 심지어 작은 땅일수록 비용이 더 많이 드는데, 이것은 이상한 역설이다. 우리 사회가 생존을 위한 필수품 가운데 하나인 식량의 가치를 인정하지 않는 것처럼 보이는 이유는 무엇일까?

　돈·가격·소득의 개념은 생산물의 실제 가치를

파악하는 데 방해가 될 수도 있다. 어떤 곳에서는 여전히 물건을 직접 교환하는 물물교환 경제가 존재한다. 전국의 주말농장과 정원에서는 남아도는 생산물을 교환하거나 나눠주는 일이 활성화되어 있으며 지역 공동체 소유의 술집과 상점 역시 남는 채소를 우유나 빵과 기꺼이 교환한다.

농산물을 물물교환할 때는 계절의 영향을 많이 받는다. 즉 초가을에 많이 수확했다고 해도 늦겨울이 되면 필요한 물품들과 맞바꿀 농산물이 더는 남아 있지 않을 수 있다. 따라서 부를 축적하기 위해서는 화폐를 사용하는 게 편리한데, 이는 거래를 표준화하여 공정한 교환을 가능하게 하는 데 도움이 된다. 또한 소처럼 비싸지만 단일한 품목과 여러 사람에게 조달해야 하는 저가의 품목들, 가령 이 사람이 주는 맥주나 저 사람이 주는 옷, 제삼자가 주는 기술적인 도움을 교환하기도 훨씬 쉬워진다.

물물교환과 지역통화 같은 지역 기반 경제체제는 공동체 의식이 강한 마을과 도시에서 잘 통하는 편이다. 지역 기반 시스템은 세계 곳곳에 있는 공동체 지원 농업 농가에서도 발견할 수 있다. 농가의 규모와 구성은 농가마다 천차만별이지만, 한 가지 공통점이 있다면 지역 사회가 대개 자발적 교환을 통해 노동력을 제공하고 생산물을 가져가는 등 어떤 식으로든 적극적으로 관여하고 투자한다는 점이다. 남은 수익금은 해당 농가가 소유하거나 지역 사회 사업을 지원하는 데 쓰인다. 이는 확실한 수익을 얻기 위해 자본주의 체제를 바탕으로 운영하는 일반적인 농가와 다르다. 일반적인 농가는 대개 일한 사람들에게 제공되는 급여 외에 직접적인 혜택이 적다.

자본주의는 개인의 재산을 국가가 아닌 개인

이 소유한다는 생각에 기초한 시스템이다. 본래의 사업 밖에서 사용하거나 투자 '자본'이 될 수익을 창출하기 위해 운영되는 것이 자본주의다. 세계 곳곳에서, 특히 서구에서 주로 자본주의 경제체제를 사용하지만, 자본주의를 비판하는 목소리는 작지 않다. 사회주의 혁명가인 카를 마르크스와 프리드리히 엥겔스가 대표적인 자본주의 비판자다.

마르크스와 엥겔스가 공동 집필한 『공산당 선언』에서 마르크스는 자본주의를 생산 양식, 즉 부를 창출하는 수단을 어느 개인이 통제하는 시스템이라 정의한다. 그의 이론에 따르면 자본주의에서는 생산 양식을 소유한 개인이 일을 한 노동자의 급여를 지급한 후 노동자들이 창출한 '잉여 가치'를 빼앗아 이용하는 방식으로 노동자를 착취하며, 자본주의에서는 이 방식으로만 이익이 창출된다.

다수의 노동자들은 낮은 임금과 질 낮은 업무

환경으로 고통받는 반면 생산 양식을 소유한 소수의 사람은 더 많은 돈을 버는 자본주의의 구조는 굉장히 모순적이다. 사회가 발전하더라도 대부분의 일반 노동자는 그 풍족함을 누리지 못한다. 마르크스는 봉건주의가 자본주의로 전복되었듯이, 자본주의 체제가 내재하고 있는 불안정성 때문에 불가피하게 공산주의가 자본주의를 전복하게 될 것이라고 믿었다. 자본주의는 역사적 주기의 일부일 뿐이고 모순을 갖고 있어서 불가피하게 다음 단계의 생산 양식인 사회주의로 이행하게 된다고 생각했기 때문이다. 마르크스는 자본가 계급, 즉 부르주아가 역사상 가장 혁명적인 계급 가운데 하나이며 자본주의가 엄청난 사회적 변화와 진보를 초래했다고 설명했다. 하지만 그는 자본주의가 이렇게 오랫동안 생존하리라 예상하지는 못했다.

자본주의의 모순은 지금도 경제학자들의 걱정

거리다. 이윤 창출에 모든 노력을 집중하는 것은 궁극적으로 아주 잠시 동안만의 성장이 가능할 뿐이어서 일정 주기의 호황과 불황, 대량 실업, 시장 경쟁의 결여와 독점의 발생, 그리고 불평등의 증가를 야기한다. 경제학자 토마 피케티는 불평등의 증가가 자본주의에 개혁이 필요한 주된 이유라고 지적한다. 예컨대 어떤 사람이 막대한 자본을 들여 농장을 매입하고 자신의 부를 더 창출하기 위해 그 농장을 사용한다면, 그는 초기 자본과 추가로 얻어진 자본을 계속 사용하기 때문에 재산이 기하급수적으로 증가할 수밖에 없다. 농장을 매입할 수 있는 자본이 그 농장에서 일을 해서 돈을 버는 노동의 가치보다 앞서기에 애초에 자본이 없는 사람은 오로지 소득으로 생활비를 충당해야 한다. 그렇게 노동자는 자본을 늘리기가 점점 더 어려워진다

세계의 많은 국가들에서 거대 자본주의는 '구성원들의 삶을 윤택하게 한다'는 낭만적인 그림과 많이 멀어진 듯 보인다. 열심히 일해 식량과 물, 쉼터에 드는 비용을 충당하고, 식량이 떨어지거나 예상치 못한 비용이 발생할 경우를 대비하여 저축할 수 있을 만큼의 임금을 성낭하게 버는 것은 이루지 못할 꿈이 되어버렸다.

우리 주변에서도 돈의 가치가 삶의 다른 가치보다 앞서 있는 예들을 쉽게 접한다. 주식시장에서 돈을 이용하여 돈을 버는 것은 땀 흘려 성실하게 일해서 돈을 버는 모습과 반대된다. 삶에 꼭 필요해서가 아니라 비싸기 때문에 구입하는 것들도 있다. 마르크스는 자본주의에서 사람들이 주도적이고 창조적으로 일을 한 결과로 돈을 버는 게 아니라, 돈을 벌기 위한 목적만으로 일을 하는 '노동 소외 현상'이 일어난다는 점을 크게 우려했다.

이때 일하는 사람에게는 그들의 행동과 삶에 대한 권력 및 자율성이 사라지기 때문이다. 어쩌면 모든 현대인은 진정한 개념의 가치로부터 소외되어 있는지도 모른다.

어떤 종류든 무언가를 만들어내는 것은 분명 부를 쌓는 일이다. 우리가 정원을 돌볼 때 우리는 땅으로부터 아름다운 생명과 먹거리를 만들어낸다. 땅을 일구고 씨앗을 뿌려 꽃과 과일을 얻는 일은 가치와 부, 즉 본래적 기능을 회복한 흙 묻은 돈을 창출하는 가장 실질적인 방법일 수 있다. 우리에게는 자본이나 이윤을 창출하는 게 아니라 노동자들에게 적절한 수준의 임금을 지급하는 새로운 자본주의가 필요한 것 같다. 그렇게 한 후에도 만일을 대비하기 위해 저축할 돈이 남아 있다면 더할 나위 없겠지만 말이다.

최근 내 텃밭 근처에서 밭을 일구는 친한 동료가 '80 대 20 법칙' 혹은 경제학자 빌프레도 파레토의 이름을 따 '파레토의 법칙'으로 알려진 경제 개념을 알려주었다. 파레토는 '80 대 20'이 삶의 경험에서 자주 발생하는 비율이라는 데 주목했다. 파레토는 그가 정원에서 키운 콩의 콩 중에서 잘 여문 20퍼센트의 콩깍지가 전체 콩 산출량의 대부분인 80퍼센트를 담당한다는 걸 기록했고, 이후 이탈리아 토지의 80퍼센트를 인구의 20퍼센트가 소유한다는 것을 밝혀냈다. 이 비율은 다른 학문 분과나 삶의 여러 분야에서도 찾아볼 수 있다.

　　파레토의 법칙은 '매우 중요한 소수의 법칙'으로도 알려져 있다. 개미 사회에서는 20퍼센트의 개미가 80퍼센트의 일을 하고 나머지 80퍼센트는 20퍼센트의 일을 할 뿐이다. 인간들의 세계로 예를 들자면 기업의 관리자들은 매출의 80퍼센트가

20퍼센트의 고객들에게서 나온다고 말하며, 미국에서는 납세자의 20퍼센트가 연방정부 소득세의 80퍼센트 이상을 납부한다.

이 법칙은 정원에서도 통한다. 당신은 강낭콩의 80퍼센트를 20분 만에 딸 수 있지만 나머지 20퍼센트를 다 따려면 훨씬 더 많은 시간이, 그러니까 약 80분이 걸린다. 엔지니어들과 프로젝트 관리자들 역시 이 법칙을 잘 알고 있다. 공사의 80퍼센트가 전체 기간의 20퍼센트 안에 완성되는 반면, 가장 힘든 나머지 20퍼센트가 남은 80퍼센트를 잡아먹기 때문이다. 이것은 우리가 본능적으로 가장 쉬운 일을 먼저 하기 때문일 수 있다. 말 그대로 낮은 곳에 열린 열매를 먼저 따고, 손에 잘 닿지 않은 열매를 따는 일은 마지막까지 미루는 것처럼 말이다.

보통 겨울의 정원에는 가장 일하기 힘든 20퍼

센트만이 남는다. 퇴비 더미를 손보는 일이든, 온실을 짓는 일이든 정원사들은 혹독한 기후를 견디며 천천히 일한다. 진흙도 적고 추위에 손가락이 얼얼하지도 않은 봄에 같은 일을 한다면 시간이 훨씬 덜 들 것이다. 물론 봄이면 씨앗을 뿌리고 땅을 갈고 잡초를 뽑느라 바빠서 이런 일을 처리할 시간이 턱없이 부족하지만 말이다. 이는 마치 소프트웨어를 설계할 때 자주 쓰이는 용어인 '기술 부채' 현상과도 같다. 기술 부채란 당장 해결해야 할 문제가 있을 때, 시간이 오래 걸리지만 더 나은 방법을 도입하기보다 짧은 시간에 해결할 수 있는 쉬운 방법을 채택하는 경향을 일컫는다. 처음부터 더 효과적이지만 복잡한 해법을 사용했다면 문제가 없을 테지만, 당장 손쉬운 방법으로 눈앞의 문제만 해결하려다 보니 이내 문제를 해결할 수 없어 다른 방법을 도입하는데, 결과적으로 시간이 더 오래 걸리고 더 많은 일을 하게 된다.

영리한 정원사들은 겨울에 시간을 잡아먹는 고된 20퍼센트의 일을 한다. 봄에서 가을을 지나는 동안 고장 난 문이나 울타리, 도구를 대충 손보는 바람에 발생한 기술 부채를 갚는다. 기술 부채를 갚는다는 것은 80퍼센트를 단시간 안에 완수하여 봄을 성공적으로 보낼 만한 건전한 토대를 갖

정원의 철학자

게 된다는 뜻이다.

정원사들은 때론 인지과학자 더글러스 호프스태터의 법칙대로 살기도 한다. 그의 법칙은 이와 같다. '모든 일은 우리의 예상보다 오래 걸린다. 심지어 호프스태터의 법칙을 고려해서 계획을 세운다 해도 말이다.' 땅을 고르거나 작물을 거두는 데 아무리 많은 시간을 감안해서 계획해도 시간은 항상 부족하다. 물론 내가 딱정벌레와 다른 새싹에 한눈을 팔기 때문일 수도 있다. 그렇지만 삶을 경험하는 건 이런 부채를 질 만한 가치 있는 일이라고 당당히 말하고 싶다.

아름다움은 삶을 풍요롭게 한다

- 바위

실용적이면서도 아름다운 정원을 가꾸기 위해서는 정원에 심을 식물을 선택할 때부터 아주 신중해야 한다. 활짝 핀 튤립이 뽐내는 환상적인 색과 자태는 걸음을 멈추게 하며, 가느다란 가지가 바람에 따라 하늘거리는 수양버들은 이 세상의 것이라고 생각하기 어려운 고상함을 내뿜는다. 완벽한 대칭과 비례를 강조한 정원은 우리의 산만한 마음을 정갈하고 단정하게 가다듬도록 만든다.

정원이나 자연 속에 머무는 경험은 언제나 아름답다. 자연 속에서 아름다움과 기쁨을 만끽할 때면 고된 노동으로 아픈 손과 허리의 통증을 싹 잊곤 한다. 이런 순간이 주는 즐거움 때문에 비가 오든 눈이 오든 정원을 가꾸는 것일 테다.

우리는 어떤 대상을 보고 즐거움과 기쁨을 느낄 때 그 대상이 '아름답다'고 말한다. 이와 같은 '미적 경험'은 보통 눈의 감각, 즉 시각적 인식의 맥락에서 사용되는데, 이를 통해 우리의 일상이 다른 감각에 비해 시각에 치우쳐 있음을 알 수 있다. 보이는 것뿐 아니라 소리도 아름다울 수 있다. 또한 향과 맛과 촉감을 통한 경험도 아름답다고 묘사할 수 있다.

그렇다면 감각할 수 없는 사람은 미(美)를 경험할 수 없는 걸까? 아니면 아름다운 것은 특정 경험과 상관없이 생각만으로도 가능한 것일까? 우리가 공통적으로 아름답다고 느끼는 대상의 신비로운 특징 혹은 성질은 무엇일까? 아름다움은 보는 사람마다 다르게 느끼는 주관적인 성질 혹은 체험일까? 아니면 모두가 인정하는 객관적 아름다움이 존재하는 것일까?

수세기 동안 철학자들은 미가 무엇인지 콕 짚어 정의 내리기 위해 고심했다. '노랗다', '둥글다'처럼 측정 불가능하고 수학적인 사고와는 거리가 먼 수많은 개념을 두고 이를 명확하게 정의할 수 있을지 숙고했다. 아름다운 것들이 가진 공통점을 알아내는 과정에서 플라톤과 아리스토텔레스를 비롯한 고대 그리스 철학자들은 궁극의 조화, 통일성과 함께 비율, 대칭성, 질서가 미의 핵심이라고 보았다. 특히 기하학적 모양은 절대적인 미가 표현된 것으로 세상의 영원한 진실을 나타내며, 플라톤이 말한 현실 너머의 '이상화된 형상'을 체험하는 방법이라고 여겼다.

이슬람교에서는 통일성을 미의 중심이라 보았다. 미는 곧 이슬람교의 신(알라)이고, 신은 미를 사랑하므로 신을 더 잘 알기 위해서는 일상 공간에서 미가 발견되어야 한다고 생각했다. 이해할 수 없는 기하학적 패턴을 보고 패턴에 대해 생각하는 것은, 보는 사람에게 본능적인 즐거움을 주는 일인 동시에 현실을 초월하여 무한성에 다가가는 데에도 도움을 준다. 이슬람교에서는 인간이 전능하신 신의 의도를 알 수 없으므로 신이나 사람의 형상을 시각화하여 표현하는 건 피해야 한다고 가르쳤다. 반대로 디자인에 모양과 색과 비율을 이용하는 건 신을 추앙하고, 신에 대해 깊이 생각하며, 신을 깨닫게 하는 방법으로 널리 인정받았다.

미에 대한 이러한 생각은 고대 중국과 인도철

학에서도 나타난다. 고대 중국과 인도철학에서는 미를 경험하는 것이 깨달음을 얻고, 세상의 모든 통일성과 합일을 발견하고, 음양 혹은 어둠과 빛과 같은 반대되는 힘을 아우르는 방법이라고 여겼다. 가레산스이(枯山水)라 불리는 일본의 선불교식 정원은 긴결한 배열과 우주를 완벽하게 축소한 듯한 요소로 아름다움을 담아낸다. 여러 문화권에서 정원은 일반적으로 빛과 흙과 물을 담아내 자연을 구성하는 데 반해 선불교식 정원은 바위와 모래, 이끼를 통해 자연을 표현한다. 승려들은 갈퀴로 모래 바닥을 쓸어놓고 그 모래 위에 작은 바위들을 놓는다. 하얀 모래 위에 섬처럼 바위가 떠 있는 이 작은 정원은 마치 우주를 축소해 놓은 것처럼 보이기도 한다. 바위들은 불규칙하게 배치되어 있는데 이는 이전까지 엄격한 통일성 속에서 아름다움을 찾고자 했던 전통적인 미 의식에서 벗어난,

일탈적 면모라 할 수 있다. 이곳은 무한의 세계다. 무작위적으로 움직이는 자연을 반영하기 위해 임의로 배열한 바위는 수학적 설계란 의미가 없으며 실재를 반영하지 못한다고 생각했던 당시의 시대상을 잘 보여준다.

자연 세계를 인위적으로 창조하고자 설계한 중국 도교식 정원도 아름답다. 정원을 거닐다 보면 기암괴석을 통해 독특하고 신비로운 세계에 온 듯한 느낌을 받을 수 있다. 자연을 그대로 옮겨놓기 위해 호수와 산, 폭포를 정원에 만들고, 서로를 필요로 하는 음양을 상징하기 위해 바위와 물처럼 상반되는 오브제를 한데 모은 배치는 중국 도교식 정원의 뛰어난 특징 중 하나다.

미를 탐구한다는 건 인간의 감정을 이성적으로 분석한다는 의미다. 인간의 감각은 결국 외부

자극으로부터 오기 때문에 우리가 미를 느끼기 위해선 현실의 구체적인 대상이 필요하다. 이것이 머릿속에서 이뤄지는 '사유'와, 외부 대상을 보고 느끼는 '미'의 차이점이다.

　미라는 건 아름다운 그 대상에게 있는 것일까

아니면 그 대상을 아름답다고 느끼는 우리에게서 비롯된 것일까? 합리주의 사상가들은 미가 물체의 속성에서 기인한다고 생각했다. 반면 경험주의자들은 미를 순전히 한 개인의 느낌이자 표현으로 정의한다. 미의 정의와 심미적 체험에 있어 가장 영향력 있는 사상가인 이마누엘 칸트는 이 반대되는 두 이론을 하나로 통합하고자 시도했다. 칸트에 따르면 취미 판단이란 미적인 것을 판단하는 능력이다. 그는 우리가 사물을 실제로 경험하거나 인식할 때 미를 판단하지만, 그렇다고 해서 미적 판단이 개인의 주관적인 감상은 아니라고 말했다. 칸트에게 미는 객관적이고 보편적인 것이다.

칸트가 이야기하는 취미 판단을 조금 더 살펴보자. '좋음'이라는 감정을 이성적으로 이해하기 위해 노력했던 칸트에 따르면, 우리가 무엇을 아름답다고 판단할 때 다음과 같은 네 가지 특징을 발견할 수 있다. 첫 번째로 우리가 아름답다고 느끼는 그 성질에는 '무관심성'이 있다. 이는 아름다움이 장미의 '모습 그대로'를 관조할 때 느끼는 감정이라는 뜻이다. 장미가 아름답다고 말할 때, 우리는 장미를 소유하려고 하거나 다른 용도로 사용하려 하지 않고 그 모습 그대로 둔 채 지켜보려 한다. 우리는 장미에서 느껴지는 아름다움을 관조할 뿐이다. 이런 칸트의 정의에 따르면 장미가 아름답다고 꺾어서 집에 가져가고 싶다는 생각이 드는 것은 미적 판단이 아니다. 진실한 아름다움을 느꼈다면 우리는 대상의 아름다운 모습 그대로를 유지하려고 한다.

두 번째로는 '주관적 보편성'의 특징이 있다. 칸트는 '아름다움'이란 한 개인의 취향과 관계가 없는 것이며 아름답다는 판단은 보편적이라고 했다. 그래서 '내 취향은 아니지만 아름답다'라는 말이 성립할 수 있다. 세 번째는 관계(relation)의 특징이다. 칸트는 이를 '목적 없는 합목적성'이라 정의한다. 다른 목적에 부합하기에 아름다운 게 아니라 아름다움 그 자체가 목적이 된다는 의미다. 화장품이나 요리, 약품 등에 실용적으로 쓰일 수 있기 때문에 우리가 장미를 아름답다고 말하는 것이 아니다. 장미의 모습에 아름다움이 있는 것이다. 마지막으로 네 번째는 '주관적 필연성'이다. 우리는 아름다움을 모든 사람이 공유하는 감각이라 가정하는 경향이 있다. 그래서 아름답다고 느꼈다면 다른 사람도 그 대상이 아름답다고 느끼기를 요구한다. '이거 참 아름답지 않아?' 하면서 말이다.

아름답다는 판단, 즉 취미 판단의 네 가지 특징은 칸트가 감정을 이성적으로 분석하기 위해 제시한 것들이다. 아름다움은 주관적이면서 객관적이고, 감정적 즐거움을 느끼면서도 거리를 두는

것이며, 다른 목적 없이 존재하지만 그 자체에 합목적성이 있다는 아주 역설적인 결론이 나온다. 칸트는 이러한 모순이 한 인간 안에서 통합될 수 있는데, 그 이유는 바로 우리가 '상상력'을 발휘하여 '자유로운 놀이'를 하기 때문이라 설명했다. 우리가 상상력을 통해 상반된 자극을 종합하고 개념화하는 것처럼, 주관적 경험 속에서 객관적 판단을 도출해 낼 수 있다는 것이다.

칸트는 인위적인 아름다움보다 자연의 아름다움을 높이 평가했다. 그래서 순수 예술은 자연을 닮아야 아름답다고 생각했다. 녹지의 아름다움은 그것이 사람의 손길이 닿지 않은 자연 공간인지, 인간이 설계한 공간인지에 달려 있을까? 신중하게 가꾼 목가적 정원이나 잘 다듬어진 정원의 아름다움과 야생의 자연경관이 지닌 아름다움을 나르게 판단해야 할까? 예술이란 작품 이면의 의도일까, 아니면 작품이 관객에게 미치는 영향을 포함한 최종 작품 자체일까? 예술 작품이 예술이 되거나 아름답기 위해서는 설명이나 맥락이 필요할까?

19세기 말부터 20세기 전반에 걸쳐 활동한 미국의 철학자 존 듀이는 무언가를 예술로 만드는 것은 창작자의 '의도'이므로 올바른 해석이 필요하다고 주장했다. 이와 대조적으로 레프 톨스토이와 같은 작가들은 '관객의 경험'만이 중요하다고 강조했다.

하나의 예술 작품만으로 아름다움을 판단하지 않고 그 작품 이면에 존재하는 의도나 아이디어까지 포함하여 예술을 정의할 때도 있다. 때로는 그 작품이 어떻게 만들어졌느냐가 문제가 되기도 한다. 작품의 기원·출처·유래·소장 이력 등은 지금까지도 예술을 판단하는 데 큰 영향을 미친다. 즉 심미적 판단에 있어서 무언가가 어떻게 만들어지는지는 그것의 실체만큼이나 중요하다. 어떤 사람들은 예술의 유용성이나 기능성에도 주의를 기울였는데, 그들은 예술이 단순히 보거나 듣는 무언가가 아니며 일상에서 분리되어서는 안 된다고 믿었다.

아름다운 태피스트리나 벽지, 건축물, 그리고 도자기나 램프는 사용하는 사람들의 삶을 풍요롭게 한다. 수공예로 만들어진 물건을 사용하는 사람은 공예품과 교감하며 대량 생산이 야기한 현대 사회의 소외감을 감소시킬 수 있다. 사용된 재료의 비율과 색 때문일까, 아니면 손으로 두드려 펴낸 구리에서 모종의 온기를 느껴서일까. 나뿐만 아니라 다른 정원사들도 구리 모종삽이나 손으로 만든 목재 연장을 사용하면서 더욱 즐거움을 느끼곤 한다. 잘 만들어진 아름다운 도구는 언제나 징원사의 손발에 착 감겨 실용성을 뽐낸다.

미는 모두가 동의하는 객관적인 성질일까, 아니면 경제적·정치적·도덕적 판단에 따라 달라지는 것일까? 우리는 도덕적으로 선하지 않거나, 부족하고 불완전하게 보이는 것도 아름답다고 말할 수 있을까? 만일 아름다움이 주관적인 경험이라면, 문화나 유행하는 패션을 통해서만 그 개념을 알 수 있다는 이야기일까? 아니면 우리는 다른 것들보다 우월하게 진화한 결과물을 아름답다고 하는 걸까? 혹시 이것은 신이 정해둔 합목적성에 부합할 때 느낄 수 있는 감정인 걸까?

아마도 현자들은 웃으며 미를 구성하는 이 모든 측면이 일부 같은 것이라고 답할 것이다. 마치 입체파가 하나의 캔버스에 여러 관점을 혼합한 것처럼, 진실을 평가하는 여러 방식이 있다. 미를 체험하는 것은 완벽하고도 신성한 실재를 인식하는 독특한 방법이 아닐까? 미는 전부이므로, 그것이 우리가 미에 대해 알 수 있는 전부이며, 필요한 전부이다. 시인 존 키츠가 〈그리스 항아리에 부치는 송시〉에서 말했듯이 말이다.

미는 진리요, 진리는 미다.

이것이 당신들이 이 세상에서 아는 전부고, 알아야 할 전부다.

내 행동을 결정하는 사람은
오직 나뿐이다

- 묘목

    정원의 식물들을 보노라면, 이 푸릇푸릇한 생명을 어떻게 하면 더 건강하게 키울 수 있을지 고민하게 된다. 그럴 때 주변에 식물을 키우는 사람들은 "그냥 계속 열심히 해"라고 조언한다. 이 조언은 최고의 조언이다. 나도 항상 내게 조언을 구하는 다른 사람들에게 그렇게 얘기하곤 한다.

    정원을 돌보면서 나는 정원에 딱 맞는 완벽한 시스템이 없을지를 항상 고민했다. 언제 어떻게 해야 어떤 작물이 잘 자랄지, 어떤 종류를 선택해야 할지, 무엇이 식물이 자라기에 이상적인 조건일지 세세한 측면을 설계하려 했다. 하지만 이렇게 야심차게 계획을 세우더라도 시작도 하지 못한 경우도 많다.

상황이 지지부진하다고 해서 정원을 풍요롭게 만들 아이디어와 고민이 필요 없다는 뜻은 아니다. 좋은 자료를 찾아 읽고 정원에서 양질의 경험을 쌓는 것은 정원사의 든든한 자산이 된다. 다만 가장 중요한 것은 일단 시작하는 것이다. 실수할 거라 예상하고, 그 과정에서 필요한 지식을 배우는 게 최선이다. 결국 꾸준히 손에 흙을 묻히는게 가장 큰 재미를 선사한다.

정원사들은 모두 실용주의자다. 정원사들은 이론만이 아니라 실용적인 방법을 토대로 정원을 가꾸고, 땅에서 실제로 벌어지는 상황에 대처하고, 가지고 있는 지식과 상식을 총동원하여 어떻게 할지 결정하기 때문이다. 실용주의는 현대 분석철학 및 기호논리학의 뛰어난 선구자로 손꼽히는 찰스 샌더스 퍼스와 철학자이자 심리학자인 윌리엄 제임스의 이론을 따른 것으로, 19세기 미국에서 큰 인기를 얻은 철학 사상이다.

퍼스와 제임스는 서로 대립하는 학파인 이상주의와 경험주의를 종합하려고 했다. 이상주의는 개념과 생각, 선험적인 추론에 중점을 두고, 경험주의는 실제 세상에서 개인이 경험한 사실에 따라 후험적인 추론을 다룬다. 이렇듯 두 사상은 지향하는 바가 크게 다르다. 그런데 퍼스와 제임스는 두 사상 모두 이후 발생하는 '실용적인 결과'에 의미를 두고 있다고 생각했다. 즉 효과를 미리 가정하는 대신 나중에 발견하는 방식을 갖고 있는 것이다. 어떤 면에서 실용주의는 생각에 머물기보다는 긍정적이고 적극적으로 결정하고 행동하는 것이 진리에 이르는 길임을 믿는 사상이라 할 수 있다. 그런 의미에서 실용주의는 인간의 모든 인식과 행위에 대해 낙관적이다.

예를 들어 제임스는 어떤 명제의 진실은 그것을 받아들일 때 얻는 유용성이나 '선'에 따라 정의될 수 있다고 보았다. 어떤 믿음이 광의의 세상에서만 통하고 다른 중요한 진실과 반대되지 않는 한 그것은 존중받을 만하거나 진실일 수 있다고 말이다. 이러한 제임스의 생각에 반대하는 사람 중 한 명인 버트런드 러셀은 제임스를 이렇게 비판했다. 제임스의 논리에 따르면, 산타클로스를 믿는 것이 유용하며 '선'을 제공하기 때문에 산타클로스의 존재도 진실이 되어야 한다고 말이다. 하지만 제임스의 옹호자들은 '믿음의 종류'를 거론하며 이 반론에 맞섰다. 산타클로스를 향한 믿음은 물리학의 법칙과 같은 중요한 진실에 어긋나기 때문에 제임스의 논리가 산타클로스의 존재를 옹호하는 것은 아니라고 주장했다.

실용주의자들의 생각은 명쾌하다. 이상주의자와 경험주의가 논쟁하는 상황에 실용주의자 한 사람이 함께 있다고 상상해 보자. 둘 중 어느 한쪽이 옳다고 하더라도 거기서 나오는 실용적인 결과가 없다면, 실용주의자들은 그 둘의 논쟁이 무의미하며 이점이 없다고 평가할 것이다. 물론 이때 둘의 논쟁에 실용성이 없다는 실용주의자의 판단이 미래에 정확히 맞아떨어질 때 그 주장은 신뢰할 만한 것이 된다. 그러기 위해서 실용주의자는 이미 이 논쟁의 주제와 참가자들에 대한 모든 것을 알고 있어야 한다.

예컨대 매우 다른 재배 방식을 취하는 두 명의 정원사들은, 어떤 식물이 묘목일 때는 같은 방식으로 식물을 기를 수 있다. 이 경우 실용주의자는 재배 방식에 대한 둘 사이의 논쟁이 무의미하다고 말할 것이다. 실용주의자는 두 정원사의 재배 방식이 크게 다르지 않을 것이며 앞으로도 계속 같아진다고 가정하기 때문이다. 그런데 사실 정원사들은 묘목이 좀 더 자라면 식물을 매우 다르게 기를 것이고, 이에 따라 나무가 성장하는 정도도 매우 달라질 것이다. 이 경우에도 분명 실용주의자는 확연한 차이가 발생해야 논의를 시작할 수 있다고 주장할 것이다.

실용주의처럼 기능적이고 다른 이론들을 중재하는 속성을 지닌 사상은 이후 학문적 논의에 큰 영향을 미쳤다. 존 듀이나 제인 애덤스와 같은 실용주의자들은 교육 이론과 정치 분야에 실용적인 결과를 낳는 데 주력했다. 애덤스는 북미주 최초의 사회복지기관인 헐하우스(Hull House)를 세우고 여성과 이민자 등 약자들의 권익과 세계 평화를 주창한 공로를 인정받아 1931년 미국 여성 최초로 노벨 평화상을 받았다.

양자물리학과 같은 과학과 수학 분야의 발전 과정에서도 실용적인 접근법이 등장한다. 과학자들은 분자의 위치를 측정하는 동안 운동량이 변하고, 운동량을 측정하는 동안 위치가 변화하기 때문에 운동량과 위치 두 가지를 동시에 정확하게 측정하기 어렵다는 걸 알게 되었다. 해결할 수 없는 문제 앞에서 양자물리학은 분자의 성질을 관찰 가능하고 측정 가능한 분자들 간 상호작용이라는 관점에서만 이해할 수 있다고 결론 내렸다. 양자역학을 창안한 공로로 노벨 물리학상을 받은 베르너 하이젠베르크는 우리가 관찰하는 것이 자연 그 자체가 아니라고 했다. 자연은 우리가 문제를 제기하는 방법에 한해서만 자신의 모습을 드러낼 뿐이다.

우리가 알고 있는 모든 지식이 잠정적이라고 말하는 실용주의자들에게 아마 우리는 쉽게 동의할 수 있을 것이다. 개념과 이론은 불변의 것이 아니다. 그것이 유용한 결과 혹은 튼튼한 식물을 얼마나 잘 제공하는지에 따라 업데이트될 수 있다.

정원사들의 영웅인 아리스토텔레스는 실천의 힘을 굳게 믿었다. 아리스토텔레스에 따르면, 우리 행동의 목적이 꼭 엄청난 의미를 담을 필요는 없다. 그보다는 훌륭한 사람이 되는 법에 집중해야 한다. 아리스토텔레스는 그 자체가 목적인 궁극의 선, 즉 '행복'은 상태가 아니라 행동이라고 주장했다. 우리는 정의로운 행동을 통해 덕이 있는 사람이 되며, 이러한 행동을 하고 어느 쪽에 치우치지 않은 삶을 살면 행복하다고 강조했다. 불교에서도 극단 사이의 중간을 선택하라고 가르친다. 마하트마 간디 역시 변화를 일으키려면 단순히 이론만 만들 게 아니라 행동해야 한다고 했다. 행동은 우리의 생각을 풍요롭게 한다. 그 반대도 마찬가지다.

카를 마르크스는 단순한 이론과 사상보다 행동의 힘을 강력하게 믿었기에 우리 모두 실천해야 한다고 주장했다. 그는 이상주의자인 빌헬름 프리드리히 헤겔의 영향을 크게 받았다. 헤겔은 갈등이 불가피한 이유와 이 필연적인 갈등을 통해서 세상이 발전하는 원리를 설명하기 위해 변증법을 만들었다. 헤겔의 변증법에 따르면, 어떤 이론이 제시되면 그에 대한 반대 이론이 생기고, 이 둘이 서로 영향을 주고받으며 합쳐지며 긴장이 해소되고 더 높은 차원의 이론으로 발전한다. 헤겔은 세상에 대한 우리의 단편적인 이해는 역사의 흐름에 따라 발전하며 더 큰 이성을 통해 더 복잡한 이해로 나아간다고 보았다.

반면 마르크스는 변증법이 물질세계에만 적용된다고 생각했다. 즉 변증법은 사회의 구성과 사회가 어떻게 발전할 수 있는지를 고찰하는 한 가지 방법이라고 본 것이다. 마르크스는 세상을 그저 설명만 해서는 안 되며 적극적으로 변화시켜야 한다고 주장했다. 행동의 근거가 되는 생각은 필연적으로 반대에 직면하는데, 이 갈등을 통해 결국 그 생각이 진보한다는 것이다. 건강한 논쟁과 생각의 실천을 피해서는 안 되며, 잘못할까 봐 걱정할 필요도 없다. 우리가 처음 한 행동은 종착점이 아니라 출발점이다. 이것이 사회와 우리 자신 안에서 진정한 발전을 이루는 유일한 방법이라고 마르크스는 주장했다.

어떻게 정원을 가꿀 것인지를 두고 마을 사람들과 함께 이야기해 본 사람이라면 '건강한 논쟁'이 어떤 것인지 잘 알 것이나. 정원의 세계기 이름답고 적절한 속도로 발전하는 이유는 바로 정원사들이 열린 마음을 견지하고 있으며 열정적이기 때문이다. 우리는 자신의 경험을 타인과 공유하는 것을 꺼리지 않는 동시에 타인에게 항상 배우고 새로운 것을 시도해야 한다. 다른 사람의 생각과 방법을 종합하여 우리만의 무언가를 만들면 종종 훌륭한 결과를 얻어낼 수 있을 것이다.

이상적인 정원을 가꾸려다 보면, 우리의 손발은 머뭇거리기 쉽다. 어디서부터 시작할지를 궁리할 때 '실수로 잘못하거나 망치면 어쩌나', '일거리만 늘면 어쩌나' 걱정하는 건 당연하다. 그러나 잊지 말자. 아무것도 하지 않는 것이 때론 잘못된 행동보다 더 나쁘다.

14세기 프랑스 철학자 장 뷔리당은 여러 선택지가 제시되었을 때, 합리적인 인간이라면 무지나

다른 장애물의 방해를 받지 않는 한 항상 더 큰 선을 가져올 행동을 택한다고 주장했다. 똑같이 좋은 선택지들이 여럿 제시되면 그중 하나만을 합리적으로 선택할 수 없으니 하나만 선택하는 건 비합리적이라는 것이다.

일견 맞는 말 같지만, 그의 논리에는 분명한 허점이 있다. 배고프고 목마른 당나귀가 있다고 가정해 보자. 당나귀는 배고픔과 목마른 정도가 비슷한 상태다. 당나귀는 목을 축일 샘터와 배를 채울 건초 더미의 정확히 중간 지점에 서 있다. 뷔리당에 따르면, 이 합리적인 당나귀는 결국 비극적 결말을 맞이할 수밖에 없다. 당나귀는 물과 건초가 똑같이 좋기 때문에 하나를 선택할 수 없으며, 이도 저도 못 하다가 기아와 갈증으로 죽게 된다. 뷔리당의 비판자들은 뷔리당의 도덕적 결정주의를 따른 역설에 그의 이름을 붙여 '뷔리당의 당나귀'라고 불렀다. 이런 상황은 잡초를 제거해야 하는 두 개의 똑같은 화단에서도 볼 수 있다. 정원사는 둘 중 하나를 어떻게 선택할 것인가? 선택할 수 없으므로 가만히 서서 아무것도 하지 않고 잡초가 무성하게 자라는 걸 그저 방관할 것인가?

우리는 일상에서 이런 상황에 종종 직면한다. 아마도 어떤 이유에서 한 가지를 선택하지만, 그 이유를 의식하지 못할 수 있다. 그러나 이유 없이 하는 일은 없다. 어쩌면 가장 시급하기 때문에, 꽃이 더 잘 자라서, 아니면 지난번에 오른쪽 화단을 정리했기 때문에 이번에는 왼쪽 화단의 잡초를 먼저 제거할 수 있다. 현실 세계에서는 모든 조건이 정확하게 똑같아서 한쪽으로 마음이 기울만큼 차이가 없는 경우는 상상하기 어렵다.

뷔리당의 당나귀와 같은 상황에 부닥쳤을지라도, 합리적인 방식으로 비합리적인 방향을 선택할 수 있다. 우리는 어디서 시작해야 할지를 정할 때, 머릿속에서 동전을 던져 임의로 한곳을 택할 수도 있다. 비합리적으로 행동하기 위해 합리적이 될 수 있는 것처럼 말이다.

이런 선택은 어쨌거나 유용하기 때문에 실용주의적이다. 분명 정원에서는 아름다운 비합리성과 무작위성, 불가해성의 뚜렷한 흔적을 찾아볼 수 있다. 식물과 자연에 대한 열정을 이성적 판단으로 계량화하여 이해하기란 어렵다.

정원의 철학자

아리스토텔레스는 모든 것에서 중용을 찾아야 한다고 주장했다. 도덕성은 과함과 부족함이라는 극단 사이에서 평균을 선택하려는 성향이다. 만일 매사에 중용이 있다면, 중용 자체에도 중용이 있어야 한다. 때때로 우리는 과함이나 부족함, 비합리성과 지나치게 연연하는 마음을 받아들여야 한다.

우리는 인간이기 때문에 불완전한 선택을 할 수도 있다. 그리고 때로 그 선택은 좋지 못한 결과를 낳을 수도 있다. 하지만 그런 순간들이 있더라도 그 선택의 결과가 이어진 현재의 나를 받아들일 수 있어야 한다. 여기에는 약간의 용기가 필요하다. 자신을 인정하고 받아들인 후 삶의 문제를 똑바로 바라본다면, 내면의 힘을 더 단단하게 만들어 자신을 믿고 앞으로 나아갈 힘을 기를 수 있을 것이다.

정신과 실제 세계는 모두 갈등을 겪으며 발전

한다. 음의 씨앗은 양이 과할 때 생기고, 반대도 마찬가지다. 그렇기에 약간의 비합리성은 일을 수행하는 과정에서 오히려 큰 도움이 될 수 있다. 무엇보다 정원사로서 우리는 균형을 이룰 필요가 있는 여러 힘에 둘러싸여 있다. 그 힘을 느끼고, 최선을 다해서 하던 대로 계속해 나가면 된다. 자신 안의 씨앗이 무한한 가능성을 품고 있음을 믿고 힘 있게 앞으로 나아갈 당신을 기대한다.

옮긴이 이현

한국외대 통번역대학원 한영과를 졸업하고 금융기관 등 다양한 기관과 프로젝트에서 산업 번역가로 활동하다 오랜 세월 목표로 했던 출판번역가가 되었다. 현재 출판번역에이전시 '글로하나'에서 인문, 경제경영, 자기계발 등 다양한 분야의 영미서를 번역하고 리뷰에 힘쓰며 영어 전문번역가로 활발하게 활동하고 있다. 역서로는 『AI 2041』, 『게으르다는 착각』, 『최고의 체력』, 『우리는 모두 돌보는 사람입니다』가 있다.

자라난 잡초를 뽑으며 인생을 발견한 순간들

정원의 철학자

초판 1쇄 인쇄 2023년 8월 31일
초판 1쇄 발행 2023년 9월 11일

지은이 케이트 콜린스
옮긴이 이현
펴낸이 김선식

경영총괄이사 김은영
콘텐츠사업본부장 박현미
책임편집 옥다애 **디자인** 황정민 **책임마케터** 오서영
콘텐츠사업4팀장 임소연 **콘텐츠사업4팀** 황정민, 박윤아, 옥다애, 백지윤
편집관리팀 조세현, 백설희 **저작권팀** 한승빈, 이슬, 윤제희
마케팅본부장 권장규 **마케팅1팀** 최혜령, 오서영
미디어홍보본부장 정명찬 **브랜드관리팀** 안지혜, 오수미, 문윤정, 이예주
크리에이티브팀 임유나, 박지수, 변승주, 김화정, 장세진 **뉴미디어팀** 김민정, 이지은, 홍수경, 서가을
지식교양팀 이수인, 염아라, 김혜원, 석찬미, 백지은 **영상디자인파트** 송현석, 박장미, 김은지, 이소영
재무관리팀 하미선, 윤이경, 김재경, 이보람, 임혜정
인사총무팀 강미숙, 김혜진, 지석배, 박예찬, 황종원
제작관리팀 이소현, 최완규, 이지우, 김소영, 김진경, 양지환
물류관리팀 김형기, 김선진, 한유현, 전태환, 전태연, 양문현, 최창우
외주스태프 교정교열 박은영

펴낸곳 다산북스 **출판등록** 2005년 12월 23일 제313-2005-00277호
주소 경기도 파주시 회동길 490 다산북스 파주사옥 3층
전화 02-702-1724 **팩스** 02-703-2219 **이메일** dasanbooks@dasanbooks.com
홈페이지 www.dasanbooks.com **블로그** blog.naver.com/dasan_books
종이 신승지류유통 **인쇄 및 제본** 한영문화사 **코팅 및 후가공** 평창피앤지

ISBN 979-11-306-4591-9(03100)